KB263622

로고테라피

삶이 무의미하고 고통스러울 땐

사람이 신체와 정신 모두 건강하게 살아가기 위해서는 삶의 방향과 의미가 필요합니다. '왜 살아야 하는가?'에 대한 답을 찾지 못하면, 우리는 의식적으로든 무의식적으로든 고통을 겪게 됩니다.

오늘날 많은 사람들이 경험하는 실존적인 공허함, 이것이 현대인의 병입니다. 홀로코스트 생존자이자 정신과 의사, 철학자인 빅터 프랭클은 이러한 실존적 공허를 효과적으로 다루는 치료법을 만들었습니다. 그것이 바로 삶의 의미를 발견함으로써 치유하는 로고테라피Logotherapy입니다.

이 책은 빅터 프랭클의 실제 치료 현장과 강연을 담았습니다. 수많은 사례를 통해 삶의 고통이 어떻게 회복되는지 살펴보는 회복의 이야기입니다.

DAS LEIDEN AM SINNLOSEN LEBEN. PSYCHOTHERAPIE FÜR HEUTE

Viktor E. Frankl, Das Leiden am sinnlosen Leben. Psychotherapie für heute © 2021 26th edition Verlag Herder GmbH, Freiburg im Breisgau
Korean translation rights © 2026 SpecialBooks Inc.
All rights reserved.
This Korean edition was published by arrangement with Verlag Herder GmbH, Freiburg through Shinwon Agency Co., Ltd., Seoul.

로고테라피

삶이 무의미하고 고통스러울 땐

빅터 프랭클 지음 ― 박상미 옮김

특별한서재

차례

부록

정신과 의사가 바라본 문학
(문학치료의 가능성) ... 173

[일러두기]
본문의 각주는 옮긴이의 주이며, 본문 속 ●●◦에 쓰인 부분은 독자의 이해를 돕기 위한 옮긴이의 해설입니다.

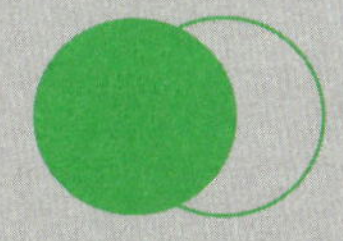

– 의미 없는 삶의 고통

의미 없는 삶의 고통

폴란드 정신의학협회Polish Psychiatric Association의 초청을 받아 바르샤바에서 강연한 내용과 리마트Limmat 재단의 초청을 받아 취리히 대학에서 강연한 내용, 칼 프리드리히 폰 지멘스Carl Friedrich von Siemens 재단의 초청으로 뮌헨에서 강연한 내용입니다.

모든 시대에는 그 시대만의 신경증이 존재하고, 심리치료가 필요합니다. 지금의 현대인들은 실존적 좌절에 직면해 있습니다. 아들러 시대처럼 열등감 때문에 고통받기보다는 삶의 공허함에서 오는 무력감 때문에 더 큰 고통을 느낍니다. 이러한 '실존적 공허'로 인한 고통은 너무나 크기에 우리는 무의미한 삶의 고통에서 벗어나 삶의 의미를 발견하는 방법을 터득해야 합니다.

어느 날 미국에서 날아온 편지 한 통은 제 가슴에 파문을 일으켰습니다.

"최근에 제 가장 친한 친구 중 한 명이 삶의 의미를 찾지 못해서 스스로 목숨을 끊었습니다. 그래서 저는 필사적으로 삶의 의미를 찾기 위해 애쓰고 있습니다. 제 또래의 청년들도 마찬가지입니다."

그 편지로 인해 저는 미국 전역을 돌며 대학에서만 129회 강의를 하며 학생들을 만났습니다. 무의미, 공허함 때문에 방황하는 청년들이 세계적으로 너무나 많습니다. 이것은 현대 사회가 앓는 병이자 전형적인 모습입니다.

청소년, 청년뿐만 아니라 성인들도 마찬가지입니다. 하버드대학교 사회관계학과 로르프 폰 에카르츠베르크Rorf von Eckartsberg는 하버드대학교 졸업생 100명을 대상으로 20년 이상 연구했습니다. 그가 연구한 결과를 살펴보면, 25%의

졸업생이 삶의 의미에 관한 질문에 '위기'에 처한 상태라고 답했습니다. 성실하게 경력을 쌓으며 안정적이고 성공한 삶을 살고 있는 것처럼 보이는 사람들의 상당수가 "삶의 참된 의미를 찾지 못했다", "나만이 실현할 수 있는 삶의 가치를 찾지 못했다", "궁극적인 무의미함 때문에 절망스럽다"라고 호소하였습니다.

모든 것이 무의미하다고 느껴지는 삶의 공허함 때문에 힘들어하는 사람들이 급속도로 많아지고 있습니다. 프로이트 정신분석학을 연구하는 국제 학회에서도 자신의 삶에 대한 극도의 공허함 때문에 고통을 토로하는 환자들이 급속도로 늘고 있다고 보았습니다. 그리고 정신분석치료를 받는 사람들 중 상당수가 유일한 삶의 목적이 '행복'이라고 답했습니다.

> ●●● 많은 사람들이 상담자에게 와서 삶의 의미가 없고, 허무하고, 내가 왜 사는지 의미를 모르겠고, 자신의 인생에 더 이상 기대하는 게 없다고 말합니다. 더 직접적으로 "내 삶의 의미가 무엇일까요?"라고 묻기도 합니다.

"왜 살아야 하는지 아는 사람은 그 어떤 상황도 견딜 수 있다"라는 니체의 말은 의미치료의 핵심을 담고 있습니다. 삶의 의미를 찾는 건 생존의 문제입니다. 우리는 간절한 마음으로 '내 안의 숨겨진 순수한 삶의 동기'를 찾아야 합니다. 그래야 내 삶에 대한 근본적인 태도를 바꿀 수 있습니다.

모든 사람의 인생에는 의미가 있습니다. 생명이 있는 모든 사람마다 충족시켜야 할 의미, 실현해야 할 사명이 반드시 주어져 있습니다. 나에게 발견되어 실현되길 기다리고 있는 의미가 있습니다.

우리는 빅터 프랭클의 철학을 배움으로써 삶에 대한 질문을 바꿀 수 있습니다. 삶이 나에게 기대하는 것은 무엇일까? 내 인생에 주어진 초의미Super Meaning를 찾는다는 건 절박한 문제입니다. 인간은 자신의 이상과 가치를 위해 살 수 있는 존재, 심지어 그것을 위해 죽을 수 있는 존재입니다. 우리에겐 '충족시켜야 할 의미', '실현해야 할 사명'이 반드시 주어져 있습니다. 우리는 내 삶에 책임을 짐으로써 질문에 답할 수 있습니다. 그러므로 책임감은 저는 「삶의 의미 이론에 대한 교차 문화 연구A Cross-Cultural Study of Frankl's Theory of Meaning in Life」에서 '실존적 공허'를 설명할 때, 세 가지 내용을 언급했습니다.

첫째, 인간의 본능은 우리에게 무엇을 해야 하는지 알려주지 않습니다. 내가 무엇을 해야 하는지 모르기 때문에 내가 무엇을 원하는지도 모릅니다. 그래서 타인들이 사는 방식대로 살며 삶에 순응하거나, 타인이 요구하는 삶을 살아갑니다. 이러한 인간은 독재와 전체주의[1]에 취약해질 수밖에 없

---

1 사전적 의미로 전체주의란, 개인의 모든 활동은 오로지 전체, 즉 민족이나 국가의 존립과 발전을 위하여 존재한다는 이념 아래 개인의 자유를 억압하는 사상 및 체제를 말한다. 전체주의는 독일의 나치즘 체제와 구소련의 스탈린 체제를 전형으로 하는 제1차 세계대전 후에 나타난 한 종류의 정치체제의 총칭이다. 원래 1920년대에 이탈리아 파시즘이 스스로를 전체주의라고 칭하였지만 그 후 이탈리아 파시즘뿐만 아니라 독일의 나치즘이나 소련의 공산당 지배, 특히 스탈린 체제를 부정적으로 총칭하는 말로써 서유럽과 미국으로 확대되었다. 이 말은 1940년대에 정착하여 1950년대에는 한나 아렌트(Hannah Arendt)의 『전체주의의 기원』과 같은 저작도 낳았다. 그리고 이 개념은 프리드리히(Carl Joachim Friedrich)와 브레진스키(Zbigniew K. Brzeinski)의 『전체주의적 독재와 전제 지배』에 제시된 바와 같이 한편으로 정치학적

습니다.

둘째, 버클리대학교의 다이애나 영Diana Young 박사의 연구에 의하면 노인보다 젊은이들이 무의미한 고통을 더 많이 호소한다는 걸 알 수 있습니다. 시대가 지나면서 전통으로부터 멀어지고 있는 현상인 '전통의 상실'은 무의미함, 공허감을 증폭시키기 때문입니다.

셋째, 누제닉 신경증Noogenic Neurosis입니다. 심인성 신경증과는 달리, 누제닉 신경증은 양심의 갈등, 가치 충돌, 그리

으로 정밀화되었지만 다른 한편으로 냉전의 문맥 속에서 반소련의 이데올로기적인 의미에서 사용되는 경우도 많아졌다. 그러나 이 냉전 이데올로기적인 성격 때문에 1960년대에는 이 개념이 점차 사람들에게서 멀어지게 된다. 또한 나치즘이나 스탈리니즘에 관한 실증사학적 연구가 진전되어 이 양자를 일괄하여 해석하는 틀 자체가 문제시되었으며 나치즘, 스탈리니즘의 실증적 연구의 문맥에서는 그 역사적 역할을 마쳤다. 단, 오늘날에도 전체주의 체제, 권위주의 체제, 민주주의 체제에 대한 린즈(Juan J. Linz)의 구별과 같이 현대의 정치체제의 중요한 한 유형을 나타내는 개념으로써 사용되고 있다.
전체주의의 정의는 논자에 따라 다르지만 그것은 독재적인 지도자의 지배와 시민적·정치적 자유의 부정을 전통적인 전제나 폭정 및 권위주의 체제와 공유하면서 그것들과는 달리 이데올로기에 의한 정치적인 동원이 강하게 이루어짐과 동시에 사적 영역이 파괴되어 전면적인 정치화가 진행된다. 즉, 경제활동이나 종교, 문화, 사상에서 여가에 이르기까지 당과 국가 권력의 통제하에 실행하고자 하는 강제적인 획일화가 이루어지는 것이 특징이다. 또한 그 수단으로써 테러가 이용되며 강제 수용소의 존재도 그 특징으로 본다.

고 실존적 좌절에서 비롯되며 때로는 신경증 증상에서 징후를 찾을 수 있습니다. 의미를 찾는 과정 속에서 실존적 좌절을 경험할 수 있는데, 로고테라피에서는 이것을 누제닉 신경증이라고 부릅니다.[2]

> ••• 의미를 찾으려는 인간의 의지는 좌절될 수 있습니다. 이를 '실존적 좌절'이라 합니다. 실존적 좌절은 정신질환을 초래할 수도 있는데, 이를 누제닉 신경증이라 부릅니다. 좌절을 겪는다고 다 신경질환 환자가 되는 건 아닙니다. 어느 정도의 좌절과 갈등을 겪는 것은 정상적이고 건강한 것입니다. 실존적 좌절 때문에 괴로워하는 사람은 신경질환이라기보다는, 내 삶의 의미를 찾고 싶은데 성취하지 못해서 괴로움을 겪고 있는 것입니다. 그래서 우울하고 무기력한 것이지요. 자살도 대부분 '실존적

---

[2] 일반인들도 흔히 쓰는 '노이로제' 즉 신경증(Neurosis)이란, 내적인 심리적 갈등이 있거나 외부에서 오는 스트레스를 다루는 과정에서 무리가 생겨 심리적 긴장이나 증상이 일어나는 것을 말한다. 정신의학에서는 '심인성 신경증(Psychogenic Neurosis)'을 심리적 갈등이나 환경에서 비롯되는 것으로 보지만, 로고테라피에서는 '누제닉 신경증'에 집중한다. 병의 원인을 심리적인 것에만 두지 않고 인간실존의 정신론적 차원에 둔다.

공허' 때문에 발생합니다. 삶의 의미를 찾지 못해서 삶의 권태를 느끼는 것이 '실존적 권태'입니다. 우울증, 공격성, 중독증 등의 원인이 무엇인지 알려면 '실존적 공허'에 대해 먼저 이해해야 합니다.

오늘날 신경증의 20% 가량은 무의미함의 고통, 즉 실존적 공허 때문에 생깁니다. 이러한 고통에 시달리는 사람들이 자신의 고유한 가치관과 세계관을 가질 수 있도록 도와야 합니다. 인간은 동물과 달라서 본능의 지배에 따라 살지 않습니다. 전통도 우리에게 무엇을 해야 할지 말해 주지 않습니다. 내가 무엇을 하고 싶은지 알 수 없어서 타인이 요구하는 삶을 사는 사람들이 많습니다. 그렇다면 인간은 독재와 전체주의에 취약해질 수밖에 없습니다.

오늘날 환자들이 정신과 의사를 찾는 이유는 삶의 의미를 찾지 못해서 겪는 무의미의 고통, 즉 로고테라피에서 말하는 실존적 좌절 때문입니다. 실존적 좌절 그 자체가 병적인 것은 아닙니다. 오히려 정신적으로 건강한 시기에 삶의 의미에 대

 들어가는 말

해 고민하는 것입니다. 내인성 우울증[3]을 앓는 대학 교수 한 명이 삶의 의미를 찾지 못해서 나를 찾아왔습니다. 본인은 우울해서 삶의 의미를 고민하는 것일 줄 알았지만, 그렇지 않았습니다. 우울이 삶을 지배할 때는 생각할 수 없었던 무의미에 대한 고민이 잠시라도 정신적으로 건강한 상태일 때 수면 위로 떠올랐던 것입니다. 삶의 의미를 고민하는 사람은 건강한 사람입니다. 프로이트Sigmund Freud는 "삶의 의미와 가치를 묻는 사람은 병든 사람"이라고 표현한 적이 있습니다. 저는 동의하지 않습니다.

이런 증상을 신경증이라고 한다면 현대사회는 새로운 신경증을 앓고 있는 것입니다. 미국에서는 하버드대학교뿐만 아니라 조지아주 콜롬버스 브래들리 센터The Bradley Center에서도 누제닉 신경증을 심인성 신경증과 구별하여 진단하는 심리검사를 개발하였습니다. 연구 결과는 다음과 같습니다. 1,151건의 검사를 분석한 결과, 누제닉 신경증을 앓는 사람

---

3 원인에 따라 환경적 스트레스 요인에 의해 발생하는 반응성 우울증, 뚜렷한 원인이 없는 내인성 우울증, 현실 감각이 손상된 정신병적 우울증, 정신병적 우울증 대비 증상이 약한 신경증적 우울증 등으로 구분할 수 있다.

들이 전체 표본 집단의 20%였습니다. 이처럼 현대사회는 새로운 신드롬을 마주하고 있습니다.

누제닉 신경증엔 로고테라피가 가장 적합한 치료법입니다. 로고테라피의 효율성은 이미 많은 사람들을 통해 입증되었음에도 불구하고, 치료 현장에서 적용하는 것을 망설이는 의사들이 존재합니다. 이유가 무엇일까요. 자신의 실존적 공허와 대면하는 것이 두려워서 그런 것은 아닐까요?

누제닉 신경증으로 드러나는 실존의 문제를 정신분석으로만 치료하려 한다면 내담자의 '비극적 실존'의 문제를 간과해 버리는 것이 아닐까요? 로고테라피는 '내 삶의 의미는 무엇인가'를 고민하는 실존의 문제를 진지하게 직면하며, 심리주의적, 병리학적으로 왜곡된 해석을 하지 않습니다. 미국의 심리학자 아서 버튼Arthur Burton은 내담자가 느끼는 죽음의 공포를 거세 공포쯤으로 해석해 버린다면 실존의 문제를 너무 가볍게 다루는 것이며, 내담자에게 일시적인 위로를 제공하는 것일 뿐이라고 말합니다. 그는 내담자와 '죽기 직전에 내 삶을 돌아보며 삶의 의미를 발견할 수 있을까?'를 고민해야 한다고 설명합니다.

누제닉 신경중이 새롭게 대두되면서부터 심리치료의 영역이 넓어졌으며, 심리치료를 받고 싶어하는 사람들이 늘어나고 있습니다. 무의미한 삶의 고통에서 벗어나 삶의 의미를 찾고 싶어 하는 사람들이 정신과 의사들을 찾고 있습니다. 독일의 정신과의사 빅토르 에밀 폰 겝자텔Victor Emil von Gebsattel은 이렇게 말했습니다. "서구 사람들은 성직자를 떠나 정신과 의사에게로 이민을 가고 있다." 심리치료사들의 역할이 갈수록 넓어지고 있다는 말입니다.

내 삶이 의미가 없다고 한탄할 필요는 없습니다. 시선을 돌려서 먼 곳을 바라보면 풍요를 누리는 사람, 고난에 처한 사람, 자유를 누리는 사람이 보입니다. 그때 내가 누리는 풍요와 자유가 보입니다.

'무엇 때문에 사는가'에 대한 질문에는 그 누구도 합리적인 설명을 못 합니다. 그런 가운데도 인간은 '무엇'을 인생에서 찾으려고 발버둥칩니다. 그러나 그 '무엇'은 쉽게 발견되지 않습니다. 그래서 쓸쓸함과 내적 공허감에서 벗어날 길이 없는 것입니다.

조금이라도 의식이 있는 사람이면 누구나 느끼고 있는 이 실존적 공허를 어떻게 설명해야 할까요? 누제닉 신경증으로는 설명할 수 있습니다. 누제닉 신경증은 욕구와 본능의 갈등 때문에 생기는 게 아니라 실존적 문제 때문에 생깁니다. 그중에서도 삶의 의미를 찾으려는 의지의 좌절이 큰 비중을 차지하고 있습니다. 따라서 실존적 공허의 문제는 신경증으로 보기보다 '인간적 성취'에 대한 문제로 봐야 합니다.

치료자들은 내담자들이 실존적 위기를 통해서 그가 성장하고 발전할 수 있도록 도와야 합니다. 내담자 스스로 삶의 의미를 찾도록 도와줘야 하는데, 여기엔 상당한 분석 과정이 필요합니다. 현대사회에 만연해 있는 우울증과 공격성, 중독증의 원인을 알려고 하면 그 저변에 깔려 있는 실존적 공허를 먼저 이해해야 합니다. 이것이 로고테라피입니다. 진실로 의미 있는 행위에 몰두함으로써 얻는 즐거움만이 공허감을 채워 줍니다. 그러므로 진정한 행복, 인생의 충만함에 대해 깊이 생각해 봐야 합니다.

통계학자들은 미국 학생들의 사망 원인 1위가 교통사고, 2위가 자살이라는 것을 입증하였습니다. 여기서 알아야 할 것은 사망에 이르지는 않았으나 자살을 시도한 사람이 자살

　　　　　　　　　　　　　　　　들어가는 말

로 인한 사망자의 수보다 15배 많습니다.

아이다호주립대학교 학생 중 자살 시도 경험이 있는 학생 60명을 대상으로 자살을 시도했던 이유에 대해 조사한 결과, 85%가 "더 이상 삶의 의미를 찾을 수 없어서"라고 답했습니다. 놀라운 것은 이 중 93%가 신체적·정신적으로 건강하고, 경제적으로도 좋은 환경에서 살고, 가족들과도 원만하게 지내며, 사회생활에 적극적으로 참여하고, 학업 성적도 좋다는 것입니다. 이 결과는 이런 조건들도 삶의 의미와는 연결되지 못함을 말해 줍니다.

이들이 자살 시도까지 하게 된 이유는 무엇일까요? 좋은 조건 속에서 살고 있고, 다양한 욕구가 충족되었음에도 불구하고 자살을 생각하게 된 이유에 대해 고민해야만 우리는 그들을 이해할 수 있습니다. 많은 욕구가 충족되어도 삶의 의미를 발견하지 못하면 실존적 공허감에 시달리며 무의미의 고통을 겪게 되는 것입니다.

이것은 로고테라피의 '의미에 대한 의지'라는 동기 이론적 개념으로 설명할 수 있습니다. 언뜻 보면 인간을 너무 높은 철학적 경지에 올려놓고 인간을 과대평가하는 것처럼 보일 수 있습니다. 저는 캘리포니아 비행 교관이 제게 했던 말을 항상 기억합니다.

"북쪽에서 바람이 부는데, 동쪽으로 비행하고 싶다고 동쪽으로 조종하면 비행기가 남동쪽으로 밀려날 것이고, 반대로 북동쪽으로 비행기를 조종하면 실제로는 동쪽으로 비행하여 내가 착륙하고 싶은 곳에 착륙할 수 있을 것입니다."

••• 빅터 프랭클이 〈타인을 믿어 주어야 하는 이유(Why to believe in others)〉라는 강의를 할 때 이 내용을 좀 더 자세히 설명했습니다. 프랭클은 노년에 경비행기 조종을 배우기 시작했는데, 비행기를 운전하다 보면 옆에서 불어오는 바람을 맞딱뜨리게 될 때가 있었습니다. 바람을 무시하고 내가 목표한 방향으로만 비행하면, 원하는 목표지점으로 가지 못하고 엉뚱한 지점에 도착한다는 걸 경험했습니다. 그럴 때는 불어오는 바람 쪽으로 '더 높이' 날아가야만 원래 가려던 목적지에 도착할 수 있었습니다. 우리 인생에도 똑같이 적용할 수 있습니다. 좀 더 높은 이

상을 품고, 내가 목표한 곳보다 좀 더 높은 곳으로 나아가야만 진정한 목적지에 도착할 수 있다는 말입니다.

독일의 문학가 괴테Johann Wolfgang von Goethe가 이런 말을 했습니다.

"사람을 현재의 모습 그대로 받아들이면 그를 타락시킨다. 그러나 그가 될 수 있는 '가능성'을 통해 보면 그를 발전시킨다."

●●● 어떤 사람의 현재 모습을 있는 그대로 받아들이고 평가하는 것은 그를 망치는 길입니다. 그 사람의 가능성을 발견하고, 그 가능성을 실현할 수 있는 사람이라고 믿을 때 그가 반드시 발전할 것이라는 의미입니다.

사람을 대할 때 현재의 모습만 받아들이면 그 사람은 성장할 수 없지만, 반대로 그 사람을 '잘될 수 있는 사람'으로 받아들이면 그는 발전할 수 있습니다.

우리는 '심층심리학[4]'에 대해 알고 있습니다. 심층심리학에서는 '의미에 대한 의지'를 간과하고 있지는 않습니까? 의미를 찾고자 하는 의지는 단순한 '희망 사항'이나 '희망적 사고'로 치부할 수 없습니다. 오히려 자신이 원하는 것을 문장으로 설계하고, 그것을 현실로 만들어 내는 '자기충족적 예언'과 같습니다.

또한 우리 의사들은 매일, 매시간 같은 경험을 합니다. 예를 들어, 환자의 혈압을 측정한 결과 160이라는 수치가 나왔

---

4 심층심리학(Depth Psychology)은 일상적인 정신 생활을 무의식의 작용으로 설명하는 심리학의 한 영역으로, 두 가지 전제를 기초로 삼고 있다. 첫째, 심리현상은 엄밀히 규정되어 있으므로 원인이 없으면 일어나지 않는다고 본다. 둘째, 행위와 감정을 불러일으키는 것은 무의식적이라는 입장을 취한다. 심리역동적 접근을 취하는 프로이트의 정신분석은 기존의 의식심리학(Consciousness Psychology)과는 달리 무의식에 초점을 두고자 하였다. 정신 세계를 심층적으로 분석하여 인간의 정신 영역을 의식, 전의식, 무의식의 세 가지 의식 수준으로 설명한다. 인간의 의식 밖에 있는 무의식이 정신 세계의 대부분을 차지하며, 인간의 행동을 지배하고 행동 방향을 결정한다. 프로이트는 인간의 의식 구조를 빙산에 비유하면서, 마치 빙산의 대부분이 수면 아래에 가려져 있는 것처럼 마음의 대부분은 의식의 표면 아래에 있는 무의식 영역에 속해 있다고 하였다. 이와 같이 프로이트는 인간의 심리 세계를 세 개의 층으로 구분하고 가장 깊은 곳에 있는 무의식을 강조했기 때문에 그의 정신분석을 심층심리학이라고 한다. 정신분석적 접근을 취하는 상담자는 내담자가 말하는 배후에 있는 감정을 살피고, 나아가 그 이면에 숨어 있는 심리적 역동을 탐색해 들어간다.

　　　　　　　　　　　　　　　　　　　

다고 가정해 보겠습니다. 환자가 자신의 혈압이 얼마나 높은지 물어볼 때 사실 그대로 160이라고 말하면, 환자는 화를 냄과 동시에 혈압이 180으로 올라가기 때문에 우리는 환자에게 사실을 말하는 것을 자제합니다. 같은 상황에서 환자에게 혈압이 거의 정상이라고 말하면 환자는 안도의 한숨을 쉬면서 이렇게 고백할 것입니다. "뇌졸중을 걱정했는데 이제 걱정하지 않아도 되겠군요." 안심하는 환자의 혈압을 다시 측정해 보면, 대화하는 동안 그의 혈압은 정상 수치로 떨어져 있다는 걸 확인할 수 있습니다. 거짓말을 하긴 했지만, 환자가 원하는 것이 현실이 되는 이로운 결과가 나타난 셈이지요.

누구나 인생의 의미를 발견하고자 하는 의지를 가지고 있고, 내가 원하는 것을 현실로 만들고자 하는 욕구가 있습니다. 미국 교육위원회에서 360개 대학에 재학 중인 189,733명의 학생을 대상으로 한 설문조사에서 인생 최대의 관심사가 무엇인지를 물었습니다. 73.7%가 "의미 있는 가치와 정신을 창조하기 위해 노력하는 인생을 살고 싶다"라고 답했습니다. 미국 국립정신건강연구소의 보고서를 살펴보면 비슷한 결과를 발견할 수 있습니다. 48개 대학의 7,948명의 학생 중

78%가 "내 삶의 의미를 찾고 싶다"라고 답했습니다.

젊은이들뿐만 아니라 성인들도 마찬가지입니다. 미시간 대학교 설문조사 연구 센터가 직장인 1,533명을 대상으로 실시한 설문조사에 따르면, 어떤 일에 가치를 부여하고 싶은가에 대한 답으로 '높은 연봉'은 5위에 불과했습니다.

정신과 의사 로버트 콜스Robert Coles는 사례를 제시했습니다. 그가 노동자들을 상담했을 때, 대부분의 노동자가 사는 게 의미가 없어서 고통스럽다고 호소했습니다. 뉴욕주립대학교의 조지프 카츠Joseph Katz는 미래에 대해 전망하기를, 취업을 준비하는 청년들은 돈을 버는 것뿐만 아니라 '삶의 의미를 발견할 수 있는 직업'에 관심을 가질 것이라고 주장했는데, 저는 전적으로 동의합니다.

아픈 사람은 우선 건강해지기를 원하고, 가난한 사람은 우선 돈을 벌고 싶은 게 당연합니다. 하지만 분명한 것은 건강과 경제적 안정도 '내가 원하는 의미 있는 삶'을 살기 위해 필요한 것입니다.

매슬로Abraham Maslow는 낮은 단계의 욕구와 높은 단계의 욕구를 구분했으며, 낮은 단계의 욕구가 채워져야 높은 단계의 욕구를 추구하게 된다고 말했습니다[5]. 인간의 욕구는 타고난 것이며 욕구를 강도와 중요성에 따라 단계별로 분류했는데, 낮은 단계에서 높은 단계로 계층적으로 배열되어 하위 단계의 욕구가 충족되어야만 상위 단계의 욕구가 발생한다고 주장하였습니다.

저는 강제 수용소와 포로 수용소에서 살아남은 사람들을 통해 알게 되었습니다. 인간이 가장 가혹한 처참한 상황에 처했

---

5   미국의 심리학자 매슬로는 인간의 욕구는 타고난 것이며 욕구를 강도와 중요성에 따라 5단계로 분류했다. 하위 단계에서 상위 단계로 배열되어 하위 단계의 욕구가 충족되어야 그 다음 단계의 욕구가 계층적으로 발생한다고 말했으며, 욕구는 행동을 일으키는 동기요인이라고 말했다.

1단계 욕구는 생리적 욕구로 먹고, 자고, 종족 보존 등 최하위 단계의 욕구이다. 2단계 욕구는 안전에 대한 욕구로 추위·질병·위험 등으로부터 자신을 보호하는 욕구이다. 장래를 위해 저축하는 것도 안전 욕구의 표출이라 할 수 있다. 3단계 욕구는 애정과 소속에 대한 욕구로 가정을 이루거나 친구를 사귀는 등 어떤 단체에 소속되어 애정을 주고받는 욕구이다. 4단계 욕구는 자기 존중의 욕구로 소속 단체의 구성원으로 명예나 권력을 누리려는 욕구이다. 5단계 욕구는 자아 실현의 욕구로 자신의 재능과 잠재력을 충분히 발휘해서 자기가 이룰 수 있는 모든 것을 성취하려는 최고 수준의 욕구이다. 자신의 잠재력을 발휘해서 최선을 다하는 것은 바로 자아 실현의 욕구가 표출된 것이다.

결국 인간이 원하는 것은 5단계 중 어느 한 단계에 속한다고 할 수 없고, 육체의 평안을 통해서, 사랑을 통해서, 명예를 통해서 또는 자신의 잠재력 개발을 통해서 나름대로 행복을 추구하는 것이다. 그러나 매슬로는 인간의 욕구를 강도나 중요성에 따라 계층적으로 배열한 것이지 결코 행복 그 자체를 계층적으로 배열한 것은 아니다.

을 때, 더욱 간절히 삶의 의미에 대해 고민한다는 것을요. 생리적 욕구, 안전에 대한 욕구가 채워지지 않은 처참한 상태에서도 삶의 의미에 대해 갈구하는 것이 인간이라는 것을 말입니다.

우리는 인간을 통해 인간 존재의 자기 초월성을 만나게 됩니다. 인간이라는 존재는 항상 자신을 초월해서 자신이 아닌 경지, 즉 성취해야 할 의미나 사랑의 경지에 이르고 싶은 욕구를 가지고 있습니다. 대의를 위해 봉사하거나, 헌신적으로 타인을 사랑할 때 진정한 '나'가 완성됩니다. 그가 자신의 임무에 더 깊이 몰두할수록, 상대에게 더 많이 헌신할수록, 진정한 나 자신이 될 수 있습니다. 나만을 보는 삶이 아닌, 자신을 초월하는 경지에 도달할 때 진정한 자기 자신을 깨달을 수 있습니다.

••• 매슬로의 욕구단계설은 다섯 단계로 되어 있지만 프랭클은 두 단계를 더 만들었습니다. 자기 실현의 욕구 위에 모든 걸 초월한 '자기 초월의 욕구'가 있다고 말합니다. 인간은 이 경지에 도달하고 싶은 욕구를 가지고 있다는 게 그의 주장입니다.

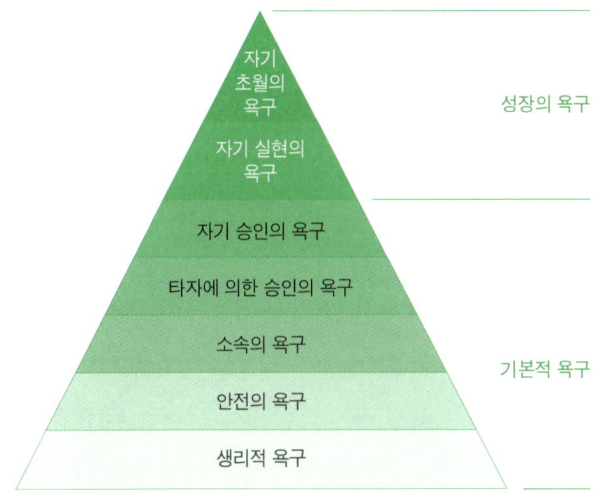

매슬로(Maslow)의 욕구단계설+프랭클의 두 단계

우리는 매일 미래와 대화해야 합니다. 누구도 미래를 예측할 수 없습니다. 예측할 수 없기 때문에 막막한 느낌이 든다면, 생각을 바꾸어 볼까요? 미래는 예측할 수 없기 때문에 희망이 있습니다.

나라는 존재는 내 생각보다 위대합니다. 나에게 발견되어 실현되기를 기다리는 '내 삶의 의미'는 내가 상상하는 그 이상일지도 모릅니다. 미래에 대한 기대를 가지고, 내 삶의 의미를 적극적으로 찾는 일은 매일 우리의 가슴을 뛰게 만들 수 있습니다. 우리는 잠재되어 있는 삶의 의미를 실현해야 합니다. 진정한 삶의 의미는 인간의 내면이나 정신Psyche에서 찾을 것이 아니라, 이 세상에서 구체적으로 찾아야 합니다. 자기 자신만의 것이 아닌 더 높고 넓은 곳을 지향해야 합니다. 타인을 위해 봉사하고 사랑을 나누는 실천을 하는 것은 나라는 개인을 넘어서 타인과 더불어서 의미를 창조하는 것입니다. 봉사와 나눔은 진정한 자아 실현이자 자기 초월입니다. 자아 실현과 자기 초월을 통해서 로고테라피의 궁극적인 목표인 나와 타인 모두의 행복에 이를 수 있습니다.

루카스Lukas 여사의 경험적 연구(총 90개)중에서 부분적인 결과 하나를 언급하겠습니다. 유명한 놀이공원인 빈 프라터를 자주 찾는 방문객들을 대상으로 한 설문에서, 그들의 실존적 좌절의 수준은 빈 인구의 평균 수치보다 상당히 높게 나타났습니다. 매슬로의 용어를 다시 사용하자면, 쾌락에 열중하는 사람은 자신의 의지에 좌절감을 느끼고 있다는 것을 증명

합니다.

유머러스한 사례 하나가 떠오릅니다. 한 남자가 길거리에서 주치의를 만났습니다. 주치의는 환자의 안부를 물었지만 잘 알아듣지 못합니다. 그는 최근에 귀가 잘 들리지 않는다고 말했습니다.

"술을 너무 많이 마시는 것 같아요. 줄이세요."

주치의가 충고합니다.

몇 달 후 길거리에서 그를 다시 만난 의사는 매우 큰 소리로 환자의 상태에 대해 묻습니다.

"오, 그렇게 큰 소리로 말할 필요가 없어요. 다시 잘 들립니다."

"술을 끊으셨나 보군요! 그래요, 계속 술을 마시지 마세요."

그들은 몇 달 후 다시 길거리에서 만납니다.

"잘 지내세요?"

환자는 잘 알아듣지 못합니다.

"어떻게 지내세요?"

크게 말하자 마침내 환자가 답합니다.

"글쎄요, 청력이 다시 나빠지고 있습니다."

"다시 술을 마시기 시작하셨군요!"

그러자 환자는 의사에게 모든 것을 실토합니다.

"술을 많이 마셔서 잘 안 들리다가, 술을 끊고 나니 다시 잘 들렸었죠. 하지만 위스키를 마실 때가 더 행복했어요."

여기서 알 수 있습니다. 사람을 행복하게 만드는데 삶의 의미가 없는 사람이라면? 의미의 성취를 회피하고 술에 의존하면서 술에 취했을 때 느끼는 행복감으로 도피한다는 것입니다. 노력에 의해 얻은 행복감이 아니라 행복감이 오로지 목표라면, 술에 취했을 때 잠시 느끼는 '기분 좋음'을 행복이라고 착각할 수 있습니다. 그건 잘못된 목표를 성취했을 때 얻은 부작용으로써의 행복감일 뿐입니다.

해군 부대 알코올 재활 센터의 책임자인 마키B. A. Maki는 다음과 같이 말합니다.

"알코올 중독자 상담치료를 하면서 알게 되었어요. 그들은 삶의 의미를 잃은 사람들이라는 걸.”

미국 샌디에이고에 있는 국제대학교의 한 학생은 알코올 중독 환자의 90%가 삶의 무의미함 때문에 고통받고 있다는 것을 논문을 통해 증명하였습니다. 기존의 알코올 중독 치료법으로 치료받은 대조군보다 실존적 좌절을 극복하고 삶의 의미를 발견하는 데 초점을 둔 로고테라피를 받은 알코올 중독 집단에서 더 큰 치료 효과가 나타난 것도 입증할 수 있었습니다.

약물 중독도 마찬가지입니다. 미국의 심리학자 스탠리 크립너Stanley Krippner는 마약 중독자의 100%가 실존적 좌절 때문에 마약을 시작하게 되었다고 말합니다. 공허한 마음을 채울 의미를 찾지 못해서 마약에서 쾌락을 찾게 되었다는 것이죠. 그들은 모든 것이 무의미하다고 답했습니다. 제 논문 지도교수 중 한 명인 베티 루 패들퍼드Betty Lou Padelford는 션Shean과 펙트먼Fechtman과 마찬가지로 마약 중독자의 실존적 좌절감은 비교 그룹인 일반인의 실존적 좌절감보다 두 배 이상 높다는 것을 보여 주었습니다. 알코올 중독자의 치료 성공률은 11% 정도지만, 캘리포니아에서 마약 중독자를 위한 재활 센터를 운영하며 로고테라피를 도입한 프레이저Fraiser는 40%의 성공률을 달성했습니다.

뉴질랜드의 블랙Black과 그렉슨Gregson은 범죄자들이 일반인보다 실존적 좌절감이 더 크다는 것을 밝힌 사람들입니다. 캘리포니아 재활 센터 입원 환자 중에는 청소년 범죄자들도 있었는데, 바버Barber는 로고테라피를 실시하여 청소년 범죄자의 평균 재발률을 40%에서 17%로 줄일 수 있었습니다. 인간이 가진 공격성은 동물의 영역이 아니라 인간의 영역에서 이해할 필요가 있습니다. 세상에 대한 좌절감, 인생에 대한 공허함은 폭력성으로 드러나기 쉽고, 그것은 인간이기 때문에 나타나는 공격성인 것이죠. 삶의 의미를 찾지 못해서 실존적 좌절에 빠질 때, 공격성은 강해집니다.

공격성을 생물학적인 원인으로만 이해해서는 안 됩니다. 그러면 자신의 공격성을 생물학적 원인 때문이라고 변명하며 죄책감 없이 살아갈 수 있기 때문입니다. 더불어 공격성을 증오와 구분해서 설명해야 합니다.

증오와 사랑은 공통점이 있습니다. 내가 무언가를 미워할 이유가 있을 때 증오가, 내가 누군가를 좋아할 이유가 있을 때 사랑이 싹틉니다. 증오와 사랑은 의도적이고 인간적인 현상입니다. 내가 의도적으로 선택하는 것이지요. 누군가를 증오할 때와 사랑할 때는 반드시 이유가 있습니다. 나의 의도와 상관없이, 생물학적 원인 때문에 증오와 사랑이 발현되지는 않습니다.

진정한 '평화 연구'를 하려면 공격성이라는 동물적인 현상에만 집착하지 말고, 인간만이 갖는 증오에 대해 깊이 생각해야 합니다. 내가 미워하기로 선택한 것은 무엇인가? 내가 무엇인가를 증오하고 있다는 것은 나의 이성과 의지가 증오를 선택하고 행동하고 있는 것은 아닌가? 이 선택은 내 삶에서 의미가 있는가? 증오를 통해서 나와 타인이 얻는 의미는 무엇인가? 고민하고 반성해 보아야 합니다.

한 인간이 가지는 공격성을 생물학적인 충동 정도로 해석하면 안 됩니다. "나는 본능적으로 공격성이 강한 사람이야"라고 말하는 것은 변명입니다. 변명을 버리고 나의 행동에 책임을 져야 합니다.

"스포츠 경기는 피와 죽음이 없을 뿐 전쟁과 같다"라는 말이 있습니다. 사회학자 캐럴린 우드 세리프_{Carolyn Wood Sherif}

는 이 말에 반대합니다. 폐쇄된 수용소 안에서 실시된 스포츠 경기를 살펴보면, 수용자들은 스포츠 경쟁을 통해 서로에 대한 반감과 공격성이 더 커졌습니다. 그것을 이용하기도 했습니다. 하지만 반전의 사례도 있습니다. 수용소 수감자들 사이에 상호 공격성이 사라진 사건이 있었습니다. 어느 날, 수용소로 음식을 운반하던 수레가 진흙탕에 빠져 움직이지 못해 모두가 굶어야 할 상황에 처했습니다. 그리하여 모두 힘을 합쳐서 수레를 건져 내는 작업에 한 마음으로 힘을 합치기 시작하자 서로에 대한 공격성은 사라지고 협력하는 보람을 만끽할 수 있었습니다. 이때 공격성을 잠재운 것이 바로 '의미 있는 헌신'이었습니다. 의미 있는 헌신은 공격성을 잊게 만들었습니다.

폭력과 전쟁이 과연 운명적인 것일까요? 공격성의 잠재력은 운명이 아닙니다. 평화를 연구할 때 '의미의 발견'이 공격성을 잠재운다는 것을 기억해야 합니다.

"사람들은 의미를 발견하지 못하고 공허함을 느낄 때 살인을 할 가능성이 가장 높다. 실제로 공격적인 충동은 실존적

     들어가는 말

공허가 있는 곳에서 확산된다."

범죄뿐만 아니라, 성性에도 적용할 수 있습니다. 리비도[6]는 실존적 공허 상태일 때 커집니다. 삶이 공허할 때 성본능, 성충동도 강해진다는 것입니다. 실존적 좌절을 경함할 때 마약, 알코올과 같은 쾌락을 좇는 것과 같은 맥락입니다. 쾌락에 관심이 많을수록 리비도도 커집니다. 성적 쾌락에 과도하게 집중하면 진정한 오르가슴에 이를 수 없다는 것은 수십 년간의 진료와 임상 경험을 통해 확신하게 되었습니다. 사랑하는 사람과의 소통, 스킨십을 통한 공감보다 오르가슴에 집착

---

6   리비도(Libido)는 정신분석학 용어로 성본능(性本能), 성충동(性衝動)을 뜻한다. 인간이 태어날 때부터 갖추고 있는 본능 에너지인데, 원래는 라틴어로 욕망을 뜻하는 단어이다. 프로이트는 인간이 두 가지 기본적 욕구를 지니고 있다고 하였는데, 하나는 공격 욕구인 타나토스이고, 또 하나는 성 욕구인 리비도다. 성적 본능의 에너지를 리비도라고 가정하고, 리비도가 사춘기에 갑자기 나타나는 것이 아니라 태어나면서부터 서서히 발달하는 것이라고 생각하였다. 즉, 성본능은 구강기·항문기를 통해 발달하다가 5세경 절정에 이른 후, 억압을 받아 잠재기에 이르고, 사춘기에 다시 성욕으로 나타난다고 한다. 인간의 자아에 의해 성욕구가 통제받기 때문에 상황에 따라 리비도는 억눌린다고 볼 수 있다. 리비도는 긍정과 부정으로 구분할 수 없다. 한편, 상황에 따라 도덕성과 리비도가 대립하게 되는데 이때 자아가 이를 조절하고 억제, 억압 등의 방어기제를 사용하게 되는 것이다.

할 때 오히려 불감증이 생길 수 있습니다. 성관계를 할 때, 자
신의 정력을 증명하는 데만 집중하는 남자, 오르가슴의 절정
에 다다르는 것을 목표로 하는 여자는 오히려 만족스러운 성
관계를 즐길 수 없을 확률이 높다는 것이지요.

●●● 　빅터 프랭클은 강연에서, 너무 강한 욕구가 일을
망친다고 강조합니다. 과도한 의도, 즉 과잉 욕구Hyper-
Intention가 문제라는 거지요. 예를 들어서 남성의 경우, '내
가 사랑하는 연인과 오늘 하는 성관계에서 나의 정력을
보여 주고 상대를 오르가슴에 이르게 하고 싶다'라고 생
각하며 정력을 과시하는 데 목적을 둘수록 오히려 상대
를 오르가슴에 이르게 할 수 없더라는 것입니다. 사랑하
는 상대편에게 내 몸을 맡김으로써 의도하지 않은 결과
로 오르가슴을 얻어야 하는데, 오르가슴을 체험하는 자
체에 집중하는 과잉 의도는 오르가슴을 느끼는데 장애물
이 되고, 오히려 불감증을 일으킨다고 합니다. 불감증 치
료는 과잉 욕구를 버리는 연습부터 시작합니다. 내가 사
랑하는 대상에게 몸을 맡기고, '오르가슴을 느끼고 싶다'

　　　　　　　　　　　　　　　　　　　　들어가는 말

실존적 공허에 빠진 사람들로 인해, 성은 비인간화될 정도로 평가 절하되고 있습니다. 인간의 성욕은 동물과 다릅니다. 정신적 교감이자 진정한 관계 맺음의 의미를 내포하고 있지요. 성행위는 육체의 쾌락을 넘어선 정신적 행위이기도 합니다. 성행위는 관계의 표현이자 서로의 마음과 육체가 융화되는 '사랑에 빠진 상태'를 표현하는 것입니다.

성행위를 통해 진정한 만족에 이를 수 있는 방법은 무엇일까요? 미국의 심리학 전문지 「사이콜로지 투데이Psychology Today」에서 실시한 설문조사 결과에서 답을 알 수 있습니다. 20,000명에게 '나의 오르가슴을 자극하는 것은 무엇인가'를 물었을 때, 대분분이 '상대에 대한 사랑', 그리고 '신뢰'라고 답했습니다.

성 관련 산업은 성적인 소비에 대한 강박을 자극하고, 성적 사이코패스와 관음증 환자에게 환상을 심어 줄 뿐입니다.

비인격화되고 비인간화된 성이 진정한 오르가슴에 이르는 것을 방해하고 있습니다. 우리는 진정한 '사랑의 기술'을 배워야 합니다. 몸과 마음의 진실된 소통과 공감이 사랑의 기술이며 진짜 오르가슴에 이르는 방법입니다.

실존적 공허감, 무의미함에 대해 프로이트는 '삶의 의미와 가치를 묻는 사람은 병든 사람'이라고 표현한 적이 있습니다. 저는 이 말에 동의할 수 없습니다. 삶의 의미에 대해 의문을 제기하는 것 또한 인간다움의 일부라고 생각하기 때문입니다. 특히 삶의 의미에 대해 먼저 질문함으로써 성숙함을 보여주는 것은 사람만이 가진 특권입니다.

아인슈타인은 자신의 삶이 의미가 없다고 생각하는 사람은 불행할 뿐만 아니라, 살아갈 힘도 없다고 말했습니다. 의미를 찾고자 하는 의지는 삶을 지탱하는 데 가장 중요한 것입니다. 미국심리학회APA, American Psychological Association에서 '생존 가치'라고 부르는 것이 있습니다. 아우슈비츠 수용소와 다하우 수용소에서 제가 얻은 가장 큰 교훈은 미래에 대한 목표를 가지고 있는 사람, 성취하고 싶은 의미에 집중하는 사람들이 가혹한 상황 속에서도 끝내 살아남을 수 있었다는 것입니다. '생존 가치'는 바로 '미래에 대한 목표'입니다. 이후 일본, 베트남, 북한 포로수용소에서 살아남은 사람들을 통해서도 이를 확인할 수 있었습니다. 우리를 구원하는 것은 '미래에 대한 기대'입니다. 이것은 인류 전체에 해당하는 진실입니다. 인류의 생존을 위해 우리가 꼭 기억해야 할 교훈이 아닐까요?

서두에서 제가 말했듯 모든 시대마다 그 시대만의 신경증이 있고, 모든 시대가 심리치료를 필요로 합니다. 심리치료는 다양해졌고 심리학에 대한 지식도 방대해졌습니다. 이제 다시 인간화된 심리치료에 집중해야 합니다. 인간화된 심리치료만이 시대의 징후를 이해하고 시대의 요구에 답할 수 있습니다.

'무의미함의 의미'로 돌아가 봅시다. 실존적 좌절에 빠져 있는 현대인에게 어떻게 의미를 부여할 수 있을까요? 모든 의미는 실현이 가능할까요? 무의미함은 의미가 없을까요?

의미의 발견이란 '현실 속에서 가능성을 발견'하는 것입니다. 모든 사람에게 나만이 가지고 있는 고유한 가능성이 있습니다. 나의 가능성을 발견하면, 내가 추구하는 삶의 의미는 단번에 발견될 수 있습니다.

의미는 찾아야 하고, 찾을 수 있으며, 의미를 찾는 과정에서 인간은 양심의 안내를 받습니다. 한마디로 양심은 의미의 일부입니다. 양심은 모든 상황 속에서 의미를 찾아내는 데 중요한 역할을 합니다. 양심에 어긋나는 일을 하면서 삶의 의미를 실현하는 일은 있을 수 없습니다. 무의미함도 가치가 있습니다. 의미를 찾지 못해서 괴로워하면서 의미를 찾기 위해 노력하는 과정도 충분히 의미 있는 것입니다.

●●● 빅터 프랭클의 로고테라피에서는 의미를 찾지 못해서 괴로워하면서도 의미를 찾기 위해 노력하는 과정을 매우 중요하게 다룹니다. 그때 소크라테스 대화법Socratic Dialog을 사용합니다. 이것은 소크라테스의 상담 방법으로 철학 상담 영역에 속합니다. 소크라테스 대화법은 상대가 스스로 자각하도록 도와주는 대화법입니다. 산파술이라고도 불리는 그의 질문법은 아이를 낳을 때 옆에서 도와주는 산파처럼 상대가 깨달음을 얻을 수 있도록 질문을 통해 도와줍니다. 소크라테스 대화법에서 가장 중

     들어가는 말

요한 것은 상대에게 답을 제시하지 않는 것입니다. 상대가 스스로 답을 찾도록 도와주는 게 핵심이지요. 상대방이 알고 있다고 생각하는 것에서부터 질문을 시작해서, 스스로 모순을 깨닫게 합니다. 자신의 무지를 자각하고 의미와 가치를 찾아가도록 질문으로 도와주는 것입니다. 소크라테스 대화법에서는 내담자가 자기모순을 스스로 깨달아서 잠시 말문이 막히는 아포리아(Aporia, 그리스어로 '통로가 없는 것', '길이 막힌 것'을 가리키는 철학 용어)에 이르게 하는 방식을 사용합니다. 소크라테스는 대화 중 아포리아 상태에 빠져서 말문이 막혀 모르겠다고 답하는 청년에게 "그래, 괜찮네. 자네는 스스로 모른다는 것을 알고 있지 않은가?"라고 격려했다는 일화가 있습니다.

우리는 무의미함이 만연한 시대에 살고 있습니다. 이러한 시대의 교육은 지식을 전달하는 것뿐만 아니라, 양심을 일깨우는 데 관심을 가지고 해야 합니다. 인생의 순간순간, 우리가 만나는 상황 속에 숨어 있는 삶의 요구, 즉 삶의 의미를 발견할 수 있도록 교육하는 데 관심을 가져야 합니다.

종교의 십계명이 많은 사람들에게 효력을 상실한 것처럼 보이는 시대입니다. 인간은 자신의 삶이 직면하는 10,000가지 상황에 담긴 10,000가지 계명을 들을 수 있어야 합니다. 모든 상황에서 의미를 발견하려고 노력해야 한다는 말입니다. 그래야 내 삶이 새로운 의미로 다시 창조될 뿐만 아니라 실존적 공허의 결과인 순응주의와 전체주의에 빠지지 않는 면역을 기를 수 있습니다. 또한 깨어 있는 양심만으로도 '저항'을 할 수 있기 때문에 순응주의와 전체주의에 굴복하지 않을 것입니다.

그 어느 때보다 책임감을 키워 주는 교육이 중요합니다. 책임감을 갖는다는 것은 선택의 폭이 넓고 신중하다는 것을 의미합니다. 우리는 풍요로운 사회에 살고 있습니다. 대중 매체라는 '자극의 홍수'에 빠져 있습니다. 자극의 홍수 안에서 무방비 상태로 익사하지 않으려면 유익한 것과 유해한 것, 의미가 있는 것과 의미가 없는 것, 정당화될 수 있는 것과 정당하지 않은 것을 구별하는 법을 배워야 합니다.

그러므로 우리가 발견해야 할 의미는 '구체적인 상황' 속에서 발견하는 '구체적인 의미'입니다. 이것은 '구체적으로 찾는 사람'에게 발견됩니다. 사람마다 인생에서 겪는 상황은 나만이 경험하는 '고유한 것'입니다. '나'라는 존재는 세상에서 유일한 '고유한 존재'입니다. 따라서 매일, 매시간마다 나에게만 주어진 새로운 의미가 기다리고 있으며, 사람마다 다른 의미가 기다리고 있습니다. 따라서 모든 인생에 고유한 의미가 있고, 모든 사람에게 특별한 의미가 있습니다.

삶의 의미는 모두에게 동일하지 않습니다. 의미는 삶의 매 순간, 어디에나 존재합니다. 삶이 우리에게 의미를 발견할 가능성을 제공하지 않는 상황은 없으며, 삶의 의미를 부여받지 않은 사람은 없습니다. 내 삶의 의미를 성취할 수 있는 고유한 가능성은 나에게 주어져 있으며, 나에게 주어진 의미를 실현할 수 있는 고유한 존재가 바로 나 자신입니다.

●●● 삶의 의미는 생존의 문제입니다. 우리는 간절한 마음으로 '내 안의 숨겨진 순수한 동기'를 찾아야 합니다. 그래야 내 삶에 대한 근본적인 태도를 바꿀 수 있습니다. 모든 사람의 인생에 의미가 있습니다. 생명이 있는 모든 사람에겐 충족시켜야 할 의미, 실현해야 할 사명이 반드

시 주어져 있습니다. 나에게 발견되어 실현되길 기다리고 있는 '의미'가 있습니다. 우리의 인생에서 일어나는 모든 사건들, 즐거운 일뿐만 아니라 괴로운 일들도 의미 있는 일입니다. 내 삶에서 반드시 필요하기 때문에 일어났다는 사실을 받아들여야 합니다. '왜 나한테 이런 일이 일어났을까!' 탄식하면서 '내 인생은 불행하다'라고 판단하고 실망하지 마십시오. 이 기본적인 인생철학을 받아들일 때, 참된 행복을 얻을 수 있습니다. 우리는 빅터 프랭클의 철학을 배움으로써 삶에 대한 질문을 바꿀 수 있습니다.

삶이 나에게 기대하는 것은 무엇일까? 내 인생에 주어진 초의미Super Meaning를 찾는다는 건 절박한 문제입니다. 인간은 자신의 이상과 가치를 위해 살 수 있는 존재, 심지어 그것을 위해 죽을 수 있는 존재입니다. 우리에겐 '충족시켜야 할 의미, 실현해야 할 사명'이 반드시 주어져 있습니다. 나에게 발견되어 실현되길 기다리고 있는 '내 삶의 의미'를 적극적으로 찾는 일! 얼마나 가슴 뛰는 일입니까! 모든 사람에게 '사명'이 있다는 걸 깨닫는 순간, 우리는 나의 삶뿐만 아니라 타인의 삶도 존중할 수 있게 됩니다. 우리는 내 삶에 책임을 짐으로써 질문에 답할 수 있습니다. 책임감은 인간 존재의 본질입니다. 내 삶에 책임을 지는 것은 내가 실존하는 이유, 살아야 하는 의미를 찾는 것입니다. 그러므로 추상적인 삶의 의미를 추구해서는 안 됩니다. 구체적인 의미를 찾아야 합니다. 내 삶을 대신 살 수 있는 사람은 없습니다. 삶은 반복되지 않으므로 책임감을 가지고 내 사명을 완수해야 합니다. 올바른 행동과 올바른 태도로 삶의 질문에 답해야 합니다. '삶이란 무엇인가?' 이 질문에 대한 해답을 찾고, 내 앞에 놓인 과제를 수행해 나가기 위한 책임을 지는 것입니다. 이것이 빅터 프랭클의 인생 철학입니다.

로고테라피 문헌들은 인생에서 의미를 찾을 가능성이 개인의 발달과는 무관하다고 말합니다. (Casciani, Crumbaugh, Dansart, Durlak, Kratoch-vil, Lukas, Mason, Meier, Murphy, Planova, Popielski, Rich-mond, Ruch, Sallee, Smith, Yarnell.) 성별, 지능 지수, 교육 수준, 종교 여부, 종교의 종류와 상관없이 삶의 의미

를 찾을 수 있다는 것입니다. 의미 추구가 성격 및 환경과도 무관하다는 것이 밝혀졌습니다.

정신과 의사도, 심리치료사도, 심지어 로고테라피 치료자도 실존적 공허로 인해 아픈 사람에게 그 의미가 무엇인지 말해 줄 수는 없습니다. 하지만 모든 삶에는 의미가 있고, 고통 속에서도 의미를 찾을 수 있는 가능성 덕분에 어떤 조건과 환경 속에서도 우리는 살아갈 수 있습니다. 인간은 무언가를 행하거나 창조하는 데서 의미를 찾습니다. 또한 무언가를 경험하거나 누군가를 사랑할 때 의미를 찾기도 하지만, 무기력하게 직면한 절망적인 상황에서도 고통의 의미를 발견할 수 있습니다.

중요한 것은 피할 수도 없고 바꿀 수 없는 운명을 대하는 태도입니다. 인간만이 할 수 있는 일, 즉 인간 차원의 고통을 성과로 바꾸고 변화시킬 수 있는 것은 바로 '태도와 접근 방식'입니다. 미국의 한 의대생이 저에게 보낸 편지를 소개합니다.

"제 가장 친한 친구 중 한 명이 삶의 의미를 찾지 못해서 죽음을 선택했습니다. 그가 아직 살아 있었다면 로고테라피를 통해 그를 잘 도울 수 있었을 텐데…. 그는 더 이상 살아 있지 않습니다. 그러나 그의 죽음은 도움이 필요한 모든 사람들을 돕는 데 기여할 것입니다. 친구의 죽음은 슬프지만, 그의 존재와 죽음은 엄청난 의미가 있습니다. 제가 의사로서 일할 수 있는 모든 힘을 모아 그가 삶의 의미를 발견할 수 있게 도왔다면, 그는 헛되이 죽지 않았을 것입니다. 세상 그 무엇보다도 제가 하고 싶은 일은 또 다른 누군가에게 그런 비극이 다시는 일어나지 않도록 의사로서 최선을 다해 돕는 것입니다."

인생에서 '무의미한 상황'은 없습니다. 인간 존재의 부정적인 측면, 특히 고통, 죄책감, 죽음이라는 비극적인 삼중주 역시 올바른 태도로만 대처한다면 상황은 긍정적인 것으로, 성취로 바뀔 수 있습니다.

현대사회와 같은 풍요로운 사회는 자유 시간을 누릴 기회가 많기에 의미 있는 삶의 기회를 제공하는 것 같습니다. 하지만 정신과 의사들은 '일요일 신경증'의 사례를 들어, 실제로는 실존적 공허를 느끼는 사람이 더 많다고 말합니다.

●●● 　시간에 쫓기며 사는 현대인들은 자신이 무엇을 원하는지, 미래의 목표는 무엇인지, 무엇을 위해 살고 있는지 모를 때가 많습니다. 왜 사는지 의미를 찾지 못한 채 기계처럼 같은 일상을 살아가는 사람이 많습니다. 의미 없는 삶의 고통을 느끼는 사람들은 소외감을 느끼며 불안을 안고 살아갑니다. 타인과 자신을 비교하며 우울에 빠지고, 기계처럼 살아가던 평일의 시간표가 멈추는 일요일이 되면 시간을 어떻게 보내야 할지 무엇을 해야 할지 몰라 오히려 불안과 무기력에 빠지기도 합니다. 자신의 삶이 무의미하고 내 존재가 무가치하다고 생각하는 사람도 있습니다. 이런 공허함에서 벗어나고자 자극적인 경험을 찾기도 하고, 오히려 일 중독에 빠지기도 합니다. '일요일 신경증'은 현대인들의 실존적 공허를 드러내는 포괄적 의미로 사용됩니다.

현대사회는 기술의 발전으로 인해 많은 혜택을 누리고 있는 것처럼 보입니다. 하지만 노동자들의 삶은 그렇지 못합니다. 실업으로 인해 어쩔 수 없는 공백의 시간을 보내야 하는

　　　　　　　　　　　　　　　　　　　　들어가는 말

노동자가 늘어났습니다. 1993년 초에 저는 '실업 신경증'에 대해 관심을 가지고 임상을 시작했습니다. 그들은 일이 없어서 공백의 시간을 보내야 하는 삶은 무의미함 때문에 고통을 겪고 있었고, 자신이 쓸모없는 존재라고 느끼며 자괴감에 빠져 있었습니다.

'실업' 상태보다 '삶이 무의미하다는 느낌' 때문에 사람들은 더 깊은 우울에 빠졌습니다. 사람은 실업 수당만으로 살 수 없습니다. 오늘날 경제 위기는 에너지 위기로 인한 것으로, 우리는 에너지 자원이 무한하지 않다는 것을 알고 있습니다. 에너지 위기와 경제 위기는 우리에게 새로운 기회를 제공해 주기도 합니다. 나 자신에 대해 생각해 볼 기회가 생겼습니다. 풍요로운 사회에서는 먹고 살기 충분한 조건 속에 살더라도 많은 사람들이 '살아야 할 이유'를 몰랐습니다. 이제는 삶의 수단보다 삶의 목적, 삶의 의미를 찾는 삶으로 전환해야 합니다. 에너지는 유한하지만 의미는 무궁무진하고 어디에나 존재합니다.

인생은 누구에게나 의미가 있다고 말할 수 있을까요?

네! 인생은 누구에게나 의미가 있습니다. 인간은 절망적인 상황을 성취로 바꿀 수 있는 능력이 있습니다. 고통을 통해서도 의미를 발견할 수 있습니다. 돌이킬 수 없고 피할 수 없는 상황, 피할 수 없는 고통 속에서도 의미를 발견할 수 있습니다.

●●● 피할 수 없는 시련이 내게 주어졌다면 나만이 수행할 수 있는 유일한 과제로 받아들여야 합니다. 아무리 괴로운 일이라 하더라도 그것은 내 삶에 꼭 필요한 의미 있는 일입니다. 내 인생의 사명을 완수하는 데 꼭 필요하기 때문에 일어났다고 겸허하게 받아들일 때, 내 삶이 바뀌고 로고테라피의 궁극적인 목표인 나와 타인 모두의 행복에 이를 수 있습니다. 시련에 대한 시인 라이너 릴케의 말은 우리에게 답을 줍니다. "완수해야 할 시련이 얼마인가!" 오늘 내게 닥친 시련, 이것을 완수해 낼 수 있는 사람은 바로 나, 이 세상에서 유일한 한 사람이라는 사실을 잊어서는 안 됩니다. 누구도 나를 시련으로부터 구해 낼 수 없고, 대신 고통을 짊어질 수도 없습니다. 내 삶의 짐을 짊어지는 방식을 내가 결정하는 것은 나에게만 주어

　　　　　　　　　　　　　　　　　　

의미의 성취 속에서 인간은 자기 자신을 깨닫습니다. 우리가 고통의 의미를 성취하면 인간에게 가장 인간적인 것이 무엇인지 깨닫고, 성숙하고, 성장하고, 자신을 뛰어넘어야 합니다. 우리가 상황을 바꿀 수 없는 한 무력하고 절망적인 바로 그 지점에서 우리는 자신을 변화시킬 수 있는 기회를 부여받는 것입니다. 어린 시절을 아우슈비츠 수용소에서 보내고, 해방 후 오랜 시간 강박증에 시달린 예후다 베이컨Yehuda Bacon[7]보다 이를 더 적절하게 묘사한 사람은 없습니다.

---

[7] 예후다 베이컨은 이스라엘 예술가이자 홀로코스트 생존자다. 1942년 가을, 13세에 가족과 함께 게토(유태인을 지역 사회로부터도 분리한 마을)로 강제 이주되었고, 1943년 12월에는 강제수용소인 아우슈비츠로 온 가족이 끌려갔다. 1944년 6월, 베이컨은 아버지가 가스실에서 사망하는 것을 보았다. 이때 그의 어머니와 여동생 한나는 슈투트호프 강제수용소로 이송되어 그곳에서 해방되기 몇 주 전에 사망했다. 1945년 1월 18일, 베이컨은 '죽음의 행진'에 강제로 투입되는데, 먹지도 자지도 못한 채 행군이 지속되었고 그는 마우트하우젠-구젠 강제수용소를 거쳐 군스키르헨이라는 수용소로 보내졌다. 3월까지 수시로 죽음의 행진은 계속되었고, 그는 먹을 음식도, 물도, 심지어 옷

"나는 경건한 분위기의 장례식에 참여한 적이 있었는데, 마구 웃음이 나서 참기 어려웠어요. 시체가 누워 있는 웅장한 관! 경건한 음악! 시체 하나 때문에 저렇게 소란을 피우다니, 미쳤군! 이런 생각이 들었기 때문이죠. 콘서트나 극장에 가도 이런 상상이 나를 괴롭혔어요. 여기 가스를 주입한다면 시간이 얼마나 걸릴까? 시체를 수습하고 나면 옷은 몇 벌? 금니는 몇 개? 머리카락은 몇 봉지가 나올까? 계산해야 했죠. 어린 시절을 아우슈비츠에서 보낸 후유증이었어요."

예후다 베이컨은 아우슈비츠에서 보낸 세월의 의미가 무도 얻지 못했다. 1945년 5월 5일, 해방이 되던 날 독일 나치 경비원들이 수용소를 떠나기 전, 모든 음식에 독을 넣어 수감자들 대부분이 그 음식을 먹고 사망한다. 베이컨과 그의 친구 울피 아들러(Wolfi Adler)는 다행히 살아남았다. 아들러는 나중에 이스라엘 랍비가 되어 자신의 경험에 대한 책을 출판했다. 이후 오스트리아를 거쳐, 체코 슈티린에 있는 고아원에서 살았다. 그림을 잘 그렸던 베이컨은 1946년, 운 좋게 이스라엘 베잘렐 예술 아카데미에 입학하게 된다. 훗날, 모교에서 그래픽 아트와 드로잉을 가르치는 교수가 되었다. 그는 유태인이라는 이유로 13세부터 혹독한 죽음의 고통을 다 겪고, 죽음의 수용소에서 가족을 다 잃고 고아가 되었으나, 끝끝내 살아남은 홀로코스트의 생존자로 유명한 인물이다.

　　　　　

엇인지 고민하기 시작했습니다.

"어렸을 때 나는 언젠가 세상이 달라지기를 바라며 아우슈비츠에서 본 것을 세상에 알리겠다고 생각했습니다. 하지만 세상은 변하지 않았고 세상은 아우슈비츠에 대해 듣고 싶어 하지 않았습니다. 훨씬 후에야 저는 고통의 의미를 진정으로 이해하게 되었습니다. 고통은 나 자신이 다른 사람이 될 때 의미가 있습니다."

●●● 빅터 프랭클은 "삶에 어떤 목적이 있다면, 시련과 죽음에도 반드시 목적이 있을 것이다. 하지만 어느 누구도 그 목적이 무엇인지 말해 줄 수는 없다. 각자가 스스로 알아서 이것을 찾아야 하며, 그 해답이 요구하는 책임도 받아들여야 한다. 그것을 찾아낸다면 어떤 모욕적인 상황에서도 계속 성숙해 나갈 수 있을 것이다"라고 말했습니다. '다른 사람'이 된다는 말은, 고통의 의미를 발견하고 성숙한 사람이 된다는 의미입니다.

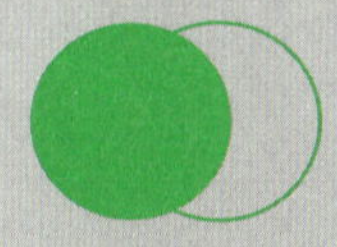

심리치료의 인간화에 대하여

(인간 중심의 회복)

✦

✦

프로이트, 아들러, 융

✦

1957년 잘츠부르크 대학 주간 초청에서 강연한 내용입니다.

프로이트의 이론과 업적

우리는 지그문트 프로이트가 심리치료 분야의 선구자였으며 천재였다는 데 이견이 없습니다. 만약 누군가 내게 프로이트의 업적을 한마디로 요약해 보라고 한다면, 나는 그가 '삶의 의미'라는 질문을 던진 것을 인정해야 한다고 말할 것입니다. 비록 우리가 생각하는 의미의 방식으로 질문하거나 대답하지는 않았지만 말입니다.

프로이트가 삶의 의미에 대해 고민했던 방식은 그의 시대 정신을 반영한 것입니다. 첫째, 그는 빅토리아 시대의 억압적이면서도 동시에 향락적인 분위기에 영향을 받았고, 둘째, 그의 이론은 역동적이라는 이름을 붙였지만 실상은 기계론적인 모델을 따랐습니다. 특히 프로이트는 신경증적 증상이 담고 있는 '의미'를 밝히려 했습니다. 이는 그를 무의식이라는 인간 내면의 깊은 세계로 발을 들여놓게 만들었고, 이는 정신 존재의 새로운 차원을 여는 시도였습니다. 우리가 훗날 무의식이 단지 본능적 충동만이 아니라 무의식적 정신성이나 종교적 감수성까지 포함한다는 사실을 발견하게 되었다 해도, 그것이 프로이트의 역사적 업적을 폄하하는 일은 아닐 것입니다.

프로이트에게 있어서 신경증적 증상의 의미란 '잊힌 것'이 아니라 '억압된 것'입니다. 즉, 개인에게 불쾌한 어떤 경험이 무의식 속으로 밀려났고, 이 억압은 그 시대의 도덕적 기준, 즉 빅토리아 시대 문화의 억압적 분위기와 밀접한 관련이 있었습니다. 당시 사람들에게 가장 억압되기 쉬운 주제는 성적인 것이었고, 이는 정신분석에서 성Sexuality 개념이 생식기

   심리치료의 인간화에 대하여(인간중심의 회복)

Genital 개념보다 훨씬 넓고, 동시에 프로이트가 말한 '리비도'보다는 좁은 개념으로 정의된 이유이기도 합니다.

정신분석에서 신경증은 서로 충돌하는 내적 요구들, 즉 '원초아Id', '자아Ego', '초자아Superego' 간의 타협으로 이해됩니다. 이 타협은 꿈이나 실수, 언어적 착오 등에서도 드러납니다. 예를 들어, 누군가가 "환자가 병원에 수용됐다"가 아니라 "환자가 죽임당했다"라고 말한다면, 이는 억압된 무의식의 진실이 무심코 튀어나온 사례일 수 있습니다.

꿈 해석에 있어서도 마찬가지입니다. 프로이트는 '꿈 검열'이 있다고 보았지만, 철학자 막스 셸러Max Scheler는 꿈을 검열하거나 억압하는 주체가 그 자체로 욕망이라면 자기 자신을 검열할 수 없다는 모순을 지적했습니다. "강이 스스로 발전소를 짓는 일은 없다"라는 말처럼 무의식의 동력만으로는 억압의 작동 원리를 설명할 수 없다는 것이죠.

더 나아가 프로이트는 인간 행동의 동기를 항상성Homeostasis, 즉 긴장을 줄이고 균형을 회복하려는 생물학적 본능으로 설명했습니다. 그러나 이는 인간의 삶을 지나치게 수동적으로 해석한 것입니다. 심리학자 샤를로테 뷜러Charlotte Bühler는 "성장과 번식 같은 현상은 단순한 긴장 해소로 설명할 수 없다"라고 말했습니다. 오히려 인간은 긴장을 줄이기보다는 유지하거나 스스로 만들어 내며 살아가는 존재입니다.

아들러의 열등감 이론

알프레드 아들러Alfred Adler는 프로이트보다 더 나아가 생물학적 기반에서 출발하여 심리학을 넘어서려 했습니다. 그는 신체적 열등감이 열등감Compensation의 심리적 기제를 형성한다고 보았고, 이는 다시 사회적 관계 속에서 보상 또는 과잉보상이라는 방식으로 드러난다고 보았습니다. 아들러 이론의 핵심은 공동체 감각Social Interest입니다. 이는 인간이 타인과의 관계 속에서 자신의 가치를 실현하려는 경향이며, 신경증은 이 관계에서 벗어난 과도한 보상, 즉 개인주의적 과잉보상에서 발생한다고 봅니다.

문제는 이 이론 역시 전제의 오류Petitio Principii를 안고 있다는 점입니다. 아들러는 인간의 성격 형성이 개인적 선택이 아닌 사회적 환경에 의해 결정된다고 보았기 때문입니다. 개인

   심리치료의 인간화에 대하여(인간중심의 회복)

의 태도나 행동이 교육, 가족, 사회 환경의 산물이라는 해석은 인간의 자유와 책임을 축소시킬 우려가 있습니다.

융과 종교적 무의식

칼 구스타프 융Carl Gustav Jung은 "신경증이란 자신의 삶의 의미를 찾지 못한 영혼의 고통"이라고 정의함으로써 중요한 통찰을 제시했습니다. 그러나 융 심리학은 지나치게 종교적 심상, 원형Archetype, 만다라, 자기Self 등의 개념에 빠지면서, 오히려 인간의 내면을 초월적 존재로 신격화하는 오류를 범하게 되었습니다. 예컨대 융은 뇌간을 자극해 만다라 상징이 떠오르는 환각을 유도할 수 있다고 주장했으며, 원형은 유전된다고까지 보았습니다. 이에 대해 많은 학자들이 원형이란 실제로는 추상적 개념의 산물이며, 지나치게 종교적이고 신비주의적 요소가 가미된 융의 해석을 심리학이라기보다는 세계관이나 종교에 가깝다고 비판했습니다.

심리치료의 인간화

우리는 '치료 효과'에 대한 환상에서 벗어날 필요가 있습니다. 어떤 심리치료 방식이든 치료율은 45~65% 정도이며, 이는 특정 이론이 아닌 인간적 만남, 공감, 신뢰가 만들어 낸 결과일 수 있습니다. 어떤 경우에는 대기 중인 환자들이 치료를 받는 환자들보다 심리적으로 더 나아지는 현상도 있습니다. 결국 우리가 '병리'라고 부르는 요소들(콤플렉스, 갈등, 트라우마)은 어디에나 존재하기 때문에 병의 원인이 되지 않으며, 오히려 병의 징후일 수 있습니다. 아우슈비츠 수용소와 같은 극한 상황에서조차 전형적인 스트레스 질환이 드물었다는 점은 스트레스 자체보다 인간의 의미 부여 능력이 더 중요함을 시사합니다. 게다가 오늘날의 환자들은 자신이 프로이트적 해석을 받을 것이라는 기대 속에 상담을 받는 경우가 많습니다. 그 기대가 스스로를 암시Suggestion하며, 실제 꿈조차도 치료사의 해석에 맞춰지는 경향을 보입니다. 이러한 점에서 정신분석은 이론보다도 인간적 만남Human Encounter 자체가 핵심이라 할 수 있습니다.

결론적으로, 심리치료는 인간 존재 자체를 다루는 일이며 궁극적으로는 환자가 삶의 의미를 재발견하도록 돕는 실존적 전환이어야 합니다. 치료란, 단지 기계적인 방법론이나 이

 심리치료의 인간화에 대하여(인간중심의 회복)

론의 적용이 아니라 인간 대 인간의 만남 속에서 일어나는 변
화입니다.

로고테라피

오늘날의 심리치료 중에는 처음부터 명확한 원인을 분석해 치료하기보다는 특별한 원인을 따지지 않고 전반적으로 접근하는 방식을 인정하는 이론들도 있습니다. 물론 의미 상실에서 비롯된 신경증의 경우는 예외입니다. 이런 방식으로 접근하는 로고테라피에 대해, 조지아대학교의 에디트 바이스코프 요엘슨Edith Weisskopf-Joelson은 「빈 정신의학 학파에 대한 몇 가지 논평」(『이상 및 사회 심리학 저널』, 제51권 3호, 1955.)에서 다음과 같이 언급합니다.

"정신역동 이론이 말하듯이, 실제로 신경증은 유년기의 본

 심리치료의 인간화에 대하여(인간중심의 회복)

능적 갈등에서 비롯되는 경우가 많습니다. 하지만 성인 환자에게 있어 치료의 핵심은 삶의 의미나 가치 같은 존재의 지향점을 찾아 나가는 데 있습니다."

치료에서 중요한 것은 구체적이고 개인적인 삶의 과제에 몰입하고 집중하는 것입니다. 이러한 과제는 실존분석 과정을 통해 점차 드러나게 됩니다. '진정한 심리치료는 오직 정신분석뿐이다'라는 생각은 오늘날 널리 퍼진 잘못된 통념입니다. 이런 주장의 근저에는 다음과 같은 잘못된 전제가 자리하고 있습니다. 모든 신경증은 언제나 유년기의 인격적 결함에서 비롯되며, 정신분석 외의 다른 모든 치료법은 열등한 대안이거나 단편적인 시도에 불과하고, 심지어는 치료자의 자기기만일 수도 있다는 생각입니다. 이처럼 위험한 오해는 일상적인 진료 현장과 단절된 특정 집단 안에서만 가능한 오류입니다. (J. H. 슐츠Johannes Heinrich Schultz, 『정신 질환 치료』, 1958.)

정신분석적 접근이 아닌 심리치료법들도 효과를 보이고 있으며, 특히 행동주의와 반사이론 계열의 학파들이 눈에 띄는 성과를 내고 있습니다. 그러나 치료가 진정으로 '인간적인 차원'에까지 이르게 된다면, 이러한 성과는 훨씬 더 극대화될 수 있습니다. 이때 발생하는 '추가적인 효과'가 무엇인지에 대해, N. 페트릴로비치N. Petrilowitsch는 다음과 같이 설명합니다. "로고테라피는 단순히 신경증의 수준에 머무르지 않고, 그것을 넘어 보다 구체적이고 본질적인 인간 존재의 차원에 도달한다는 것입니다."(『임상 심리치료에서 로고테라피의 위치에 대하여』,『의학 세계』, 2790호, 1964.)

예를 들어, 정신분석은 신경증을 정신역동적인 갈등의 결과로 보고, 치료 과정에서 '전이'와 같은 새로운 정신역동 과정을 유도하여 치유를 시도합니다. 반면 학습 이론에 기반한 행동치료는 신경증을 잘못된 학습 또는 조건화의 결과로 이해하며, 이를 재학습하거나 재조건화함으로써 문제를 교정하려 합니다. 이에 반해 로고테라피는 인간 존재의 본질적인 차원에 직접 접근함으로써 그 안에서 나타나는 고유한 인간적 현상들을 치료의 일부로 받아들이고 활용합니다.

어떤 치료법도 모든 사례에 똑같이 효과적일 수는 없으며, 어떤 치료사도 모든 기법을 동일한 수준으로 활용할 수는 없습니다. 이 점은 심리치료 전반에 적용되는 사실이며, 로고

 심리치료의 인간화에 대하여(인간중심의 회복)

테라피도 예외는 아닙니다. 한마디로 말해, 로고테라피는 만병통치약이 아닙니다!

J. H. R. 반데르파스J. H. R. Vanderpas는 "로고테라피스트는 정신분석 없이도 치료할 수 있다"라고 주장합니다. 하지만 말버러의 E. K. 레더만E. K. Ledermann은 이에 대해 다른 견해를 보입니다. 그는 리비도 분석이 필요하지 않다고 단정할 수 없으며, 오히려 로고테라피를 성공적으로 수행하기 위해서는 리비도 분석이 꼭 필요할 수도 있다고 말합니다.

아 성인이 된 후에도 불안이나 우울, 강박 등의 증상으로
나타난다고 보는 것입니다.

그러나 이러한 주장에 반대되는 입장을 밝힌 사람이 G.
R. 하이어G. R. Heyer입니다. 그는 다음과 같이 설명합니다.

"심층심리치료에서 흔히 받아들여지는 가정(먼저 '분석' 단계
에서 환자의 정신을 해체한 뒤, 그 다음 '종합' 단계에서 다시 조립
한다는 생각)은 잘못된 것입니다. 이러한 접근은 지나치게 기
계적인 발상으로, 마치 프로이트가 말한 '정신의 장치
Aapparatus'를 기계 부품처럼 분해하고 조립할 수 있다고 여기
는 것과 같습니다."

하이어는 이 점을 다음과 같이 강조합니다.

"치료자는 치료의 첫 순간부터, 그리고 가장 중요한 국면에
이르기까지 언제나 한결같이 환자의 긍정적인 면, 존재 전
체의 가능성, 치유의 가능성, 그리고 그가 '되어야 할 존

 심리치료의 인간화에 대하여(인간중심의 회복)

재'(아직 실현되지 않은 그의 존재 가능성)에 주목해야 합니다. 그렇지 않다면, 인간을 이해하고 진정으로 돕기 위한 가장 핵심적이고 결정적인 접근을 놓치게 되는 것입니다."

중요한 치료 단계에서도 흔들림 없이 긍정적인 가능성과 전체성, 치유의 가능성, 그리고 '되어야 할 존재'와 그의 잠재된 모습을 주의 깊게 바라보고 내면적으로 호소하지 않는다면, 우리는 인간 이해와 치료의 가장 핵심적인 접근을 놓치게 됩니다. 치료 과정을 두 단계, 즉 '분석'과 '종합'으로 깔끔히 나누는 설명은 그들이 여전히 정통 프로이트주의의 영향에서 벗어나지 못했음을 보여 줍니다.

A. 매더A. Maeder 역시 비슷한 입장을 보이며 다음과 같이 강하게 경고합니다.

"먼저 분석, 그다음 종합이라는 식의 도식은 절대 허용되어서는 안 됩니다."

그리고 다음과 같은 비유로 이를 강조합니다.

"나는 왜 매번 지하실을 통해서만 집에 들어가야 하고, 모든 수리를 꼭 아래층부터 시작해야만 하는지 이해할 수 없습니다."(프란츠 야힘Franz Jachim, 『가톨릭과 심리치료』, 1954.)

정신분석을 그런 방식으로 이해했던 인물이 바로 프로이트였습니다. 그는 루트비히 빈스방거Ludwig Binswanger에게 보낸 편지에서 다음과 같이 말했습니다.

"나는 언제나 인간이라는 건물의 지상층(1층)과 지하실에서만 머물렀습니다."

정신분석이 반드시 로고테라피적 실존분석에 선행되어야 한다는 주장은, 다음 두 사례를 통해 반박할 수 있습니다.

사례 1 **유디트 K.(Judith K.)**

유디트 K.는 13년 동안 심각한 광장공포증을 앓았습니

 심리치료의 인간화에 대하여(인간중심의 회복)

다. 그녀는 이미 여러 저명한 전문가들에게 치료를 받았고, 한 번은 최면요법을 또 한 번은 약물분석요법Narcoanalysis를 받았으며, 정신병원에서는 수차례 전기충격요법까지 시도했습니다. 그러나 이 모든 치료는 아무런 효과가 없었습니다. 그러던 중 동료인 코쿠렉Genevie L. Kocourek 박사가 로고테라피를 시작한 지 13일째 되는 날, 그녀는 13년 동안 한 번도 혼자 집을 나서지 못했던 사람이었음에도 불구하고, 혼자서 거리로 나갈 수 있게 되었습니다. 이후 총 4주간의 치료를 마친 뒤 외래 병원에서 퇴원했고, 이후 정기적인 검진 중에도 증상이 재발하지 않았습니다. 또한 이 과정에서, 4년간 단절되었던 남편과의 성적 관계도 다시 회복했습니다.

이러한 신경증의 원인을 성적 금욕 때문이라고 해석하는 것은 잘못된 일입니다. 실제로는 정반대입니다. 즉, 성적 금욕은 원인이 아니라 신경증의 결과이며, 치료를 통해 나타나는 성적 회복 또한 치료의 부차적인 효과일 뿐입니다.

그녀는 14년 동안 심각한 강박 신경증으로 고통받았습니다. 서랍이 정말 닫혀 있는지 확인하기 위해 일정한 리듬에 맞춰 서랍을 반복해서 두드려야 했습니다. 지속적인 확인 행동으로 인해 손가락 마디를 다쳤고, 열쇠가 부러지는 일도 자주 발생했습니다. 그녀는 결국 입원 치료를 받게 되었고, 코즈데라Gabriele Kozdera 박사에게 로고테라피 치료를 받았습니다. 그런데 치료 시작 이틀 만에 그녀는 더이상 확인 강박을 느끼지 않게 되었습니다. 놀라운 사실은 치료 효과가 나타난 이후에야 다음과 같은 과거 경험들이 밝혀졌다는 점입니다. 그녀가 다섯 살이었을 때, 가장 아끼던 인형을 그녀의 오빠가 망가뜨린 일이 있었고, 그 사건 이후부터 그녀는 장난감을 하나하나 정리해 상자에 넣는 행동을 반복하기 시작했습니다. 또한 그녀가 16세가 되었을 무렵에는 여동생이 몰래 그녀의 옷을 입은 일이 있었고, 이후 그녀는 자신의 옷들도 일일이 정리해서 감추는 습관을 갖게 되었다는 사실이 드러났습니다. 하지만 아무리 어린 시절이나 사춘기 시절의 심리적 상처가 실제로 병의 원인이었다 하더라도, 그리고 과거 사건을 밝혀 냈다고 하더라도 이것이 치료 효과를 불러온 것은 아닙니다. 실제로 치료 효과는 전혀 다른 방식인 로고테라피적 개입을 통해 나타난 것입니다.

물론 인간이 영적이고 인격적인 존재로 살아가기 위해서는 그 기초가 되는 자연적 조건들을 먼저 바로잡는 것이 중요하다는 점에는 이견이 없습니다. 하지만 문제의 원인을 오직 심리적인 영역에만, 그것도 일방적이고 배타적으로만 국한해 설명하는 것은 바람직하지 않습니다. 오히려 문제의 위치 자체를 잘못 설정하는 셈이 됩니다. 왜냐하면 병의 원인이 될 수 있는 것은 심리적인 요소만이 아니라 신체적 요소도 있으며, 더 나아가 노에틱Noetic(인간의 영적이고 존재론적인 차원에서 비롯되는 요소들)도 포함되기 때문입니다. 그런데 정신분석학은 병의 원인에 대한 설명에서 두 가지 측면에서 편향된 관점을 보입니다.

즉, 정신분석은 한편으로는 심리적 원인Psychogenese(심리 발생)만 고집한 나머지 신체적 원인Somatogenese(신체 발생)을 무시하고, 다른 한편으로는 영적 또는 실존적 원인도 간과합니다.

이제 신경증의 신체적 원인에 대해 먼저 살펴보겠습니다. 다음은 실제 사례입니다.

요양원에 입원 중인 한 젊은 여성 환자를 상담해 달라는 요청을 주치의에게 받았습니다. 이 환자는 무려 5년 동안 정신분석가의 치료를 받아 왔지만, 아무런 치료 효과도 얻지 못했습니다. 결국 인내심이 한계에 다다른 환자는 치료 중단을 제안했으나, 정신분석가는 오히려 이렇게 말했습니다.

"치료를 중단할 수는 없습니다. 아직 치료가 시작된 적이 없기 때문입니다. 그동안의 모든 시도는 환자 자신의 저항 때문에 실패했습니다…."

저는 환자에게 데옥시코르티코스테론 아세테이트DOCA, Deoxycorticosterone Acetate 주사를 처방했습니다. 그리고 몇 달 후, 치료를 맡고 있던 동료 의사로부터 이런 소식을 들었습니다. 환자는 완전히 회복되어 다시 일을 시작할 수 있게 되었

 심리치료의 인간화에 대하여(인간중심의 회복)

고, 대학 공부도 재개했으며, 박사 논문도 완성할 수 있게 되었다는 것입니다.

이 환자의 실제 상태는 임상적으로는 '이인증 증후군Depersonalization Syndrome'처럼 보였습니다. 하지만 실제 원인은 '부신피질 기능 저하Adrenal Cortex Hypofunction'였습니다.

이처럼 심리적 원인만을 고집하는 접근은 실제 병리의 다양한 층위(신체적 또는 영적 원인)를 간과할 수 있으며, 적절한 치료 시기를 놓치게 할 수도 있다는 점을 이 사례는 분명히 보여 줍니다.

혈압, 무기력감, 우울감 등 신체적·정신적 증상을 유발할 수 있습니다. 때로는 정신과적인 증상과 혼동될 수 있습니다. 좀 더 구체적으로 정리하면 다음과 같습니다.

<용어 해설 및 임상적 맥락>

✚ 이인증 증후군

이 증후군은 자아에 대한 낯섦, 소외감, 정서적 둔감, 현실감을 상실한 느낌이 강하며, 종종 다음과 같은 표현을 사용합니다.

"내가 내가 아닌 것 같다."
"거울 속 내 모습이 낯설다."
"현실이 꿈처럼 멀게 느껴진다."

이인증은 단독으로 나타나기도 하고, 공황장애, 외상 후 스트레스 장애, 심한 우울증, 불안장애 등에서 부수적으로 발생하기도 합니다.

     심리치료의 인간화에 대하여(인간중심의 회복)

✚ 부신피질 기능 저하

부신은 신장 위에 위치한 내분비 기관으로, 이 중 '피질'은 코르티솔, 알도스테론, 안드로겐 등의 중요한 호르몬을 분비합니다. 기능이 저하되면 다음과 같은 증상이 나타납니다.

지속적인 무기력과 피로, 저혈압, 어지럼증, 체중 감소, 식욕 저하, 우울감, 정서적 둔감, 정신적 혼란 및 주의력 저하.

이런 증상들은 정신질환과 유사하게 나타날 수 있어 신체 질환을 심리적 문제로 오진하는 위험이 존재합니다.

- 로고테라피적 관점에서의 시사점

이 사례는 의학적 진단의 통합적 접근이 왜 중요한지를 분명하게 보여 줍니다. 로고테라피는 인간을 신체적, 심리적, 영적 세 차원으로 이해하며, 정신적 증상이 반드시 심리적 원인에만 기인한다고 가정하지 않습니다. 즉, "정신적 고통은 반드시 정신에서만 비롯된 것이 아닙니다."
신체적 원인(예: 내분비 질환, 신경계 이상 등)이나 영적인
갈등과도 연관될 수 있습니다. 따라서 이 사례는 다음과
같은 중요 원칙을 강조합니다.

1. 오진을 피하기 위해 신체적 검사와 심리적 평가가 모
두 필요하다.

2. 환자의 '의미를 찾는 능력'은 그가 신체적으로 기능할
수 있는 상태 위에 존재한다.

3. 치료자가 환자의 전 존재 차원을 이해하지 못하면, 심
리치료도 쉽게 실패할 수 있다.

예기 불안과 반응 유형

예기 불안을 유발하는 것은 무엇일까요? 대개는 불안에
대한 불안, 즉 불안 자체가 다시 불안을 일으키는 현상입니
다. 환자는 불안 상태에서 신체에 해로운 결과가 생길까 봐
걱정합니다. 예컨대 쓰러질까 봐, 혹은 심장마비나 뇌졸중이
올까 봐 두려워하는 것입니다. 이러한 불안에 대한 두려움 때
문에 환자는 불안으로부터 도망치려 합니다. 그래서 불안을

 심리치료의 인간화에 대하여(인간중심의 회복)

피하기 위해 집 안에 틀어박혀 지냅니다. 우리는 이것을 광장 공포증 반응 양상이라고 부릅니다. 이와 같은 다양한 반응 양상을 기준으로 임상 로고테라피에서는 다양한 반응 유형을 구별합니다.

불안 신경증 vs 강박 신경증

불안 신경증 환자가 불안에 대한 불안으로 반응하듯, 강박 신경증 환자는 강박 사고에 대한 두려움으로 반응합니다. 그리고 바로 이 반응에서 임상적으로 뚜렷한 강박 신경증이 발생합니다. 환자들은 자신이 겪는 강박 사고를 정신병의 전조나 증상으로 오해하거나, 또는 강박적 충동을 실제로 실행할까 봐 두려워합니다. 하지만 반응 방식은 불안 신경증 환자와 다릅니다. 불안 신경증 환자는 불안에서 도망치려 하고, 강박 신경증 환자는 강박 사고에 맞서 싸우려 합니다. 다시 말해 불안 신경증은 '회피', 강박 신경증은 '저항'이라는 상반된 반응을 보입니다. 그리고 강박 신경증의 많은 경우에서 바로 이 저항의 메커니즘 자체가 병리적인 원인이 됩니다.

병리의 기초: 성격과 태도

기질적으로는 이들 환자에게서 정신질환 소인을 확인할 수 있습니다. 구체적으로는 강박성 성격장애Obsessive-Compulsive Personality Disorder입니다. 환자마다 다른 양상의 자기 자신에 대한 불안이 더해집니다. 이 환자의 강박적인 성향은 그의 인격Person이라기보다는 성격character과 더 관련이 있습니다. 즉, 그는 이러한 성향 자체에 대해서는 자유롭지도 않고, 책임이 있다고도 할 수 없습니다. 그러나 강박성에 대해 어떤 태도를 취할 것인가에 대해서는 자신이 전적으로 책임을 져야 합니다.

치료의 핵심은 바로 여기에 있습니다. 환자가 자신의 태도를 선택할 수 있는 자유의 여지를 넓혀 주는 것, 좀 더 구체적으로 말하면 정신질환 요소와 인간적인 요소 사이에 '거리'를 만들어 주는 것입니다. 이러한 치료는 단순히 증상 자체를 없애려는 접근이 아닙니다. 오히려 증상에는 직접 개입하지 않고, 환자가 그 증상을 어떻게 '마주하고', 어떤 태도를 갖는지를 변화시키는 데 초점을 둡니다. 로고테라피는 증상을 직접 제거하려 하지 않습니다. 대신 증상에 대한 태도와 시각,

 심리치료의 인간화에 대하여(인간중심의 회복)

즉 인격적 전환을 이끌어 내는 것을 목표로 합니다.

●●● 강박 성격장애 환자를 치료하는 데 역설의도 치료 기법은 상당한 효과를 거두어 왔습니다. 역설의도 기법 Paradoxical Intention은 빅터 프랭클이 창시한 로고테라피의 핵심 기법 중 하나로, 환자가 두려워하거나 불안해하는 행동이나 생각을 의도적으로 과장하거나 유도하여 증상을 감소시키는 심리치료 방법입니다. 이는 불안을 유발하는 요인에 대한 과도한 주의 집중을 줄이고, 환자가 증상에 대한 통제력을 되찾도록 돕는 것을 목표로 합니다.

강박증이 심한 사람의 경우를 볼까요? 강박증이란 나의 의지와 무관하게 어떤 생각이나 장면이 떠올라 불안해지고 그 불안을 없애기 위해서 특정 행동을 반복하게 되는 증상입니다. 예를 들면, 차 문을 잠그고 돌아서서 몇 걸음 가다가 문을 제대로 잠그지 않았다는 불안한 생각이 들어 다시 가서 확인해 보는 행동을 수차례, 심하면 수십 차례 반복적으로 하는 증상을 예로 들 수 있습니다.

강박 증세가 공포를 낳고 공포는 강박을 더욱 강화시킵

니다. 강박증이 심해지면 본인이 정신병에 걸렸거나 곧 정신병에 걸리게 될 거라고 생각해서 두려움이 더 증폭됩니다. 하지만 강박증이 정신병으로 발전할 가능성은 거의 없고, 오히려 막아 준다고 합니다. 강박증이 심한 사람에게도 역설의도를 적용할 수 있습니다. 가스불을 안 끄고 외출하려고, 차 문을 안 잠그고 귀가하려고, 가방을 분실하려고 애를 써 보십시오.

'문 안 잠그고 다니는 게 내 특기야. 난 문 안 잠그는 끝판왕이라고!'

이렇게 마음을 먹고 나면 차 문을 잠글 때마다 웃음이 나올 거예요. 자신의 증세에 대해 웃을 수 있게 되었을 때 공포에서 벗어날 수 있습니다. 수차례 나의 불안, 강박 증상에 대해 웃을 수 있게 되면 서서히 공포가 사라집니다. 불면증도 마찬가지입니다. 잠을 자려고 애쓸수록 잠이 달아나지 않습니까? 오히려 잠을 안 자려고 노력해 보십시오.

'내가 잠을 안 자고 며칠까지 버틸 수 있는지 보여 주겠어! 나는 잠 못 자는 선수라고!'

   심리치료의 인간화에 대하여(인간중심의 회복)

잠을 자지 않겠다는 역설의도로 바꾸어 줄 때 오히려 잠이 옵니다. 생물체는 대부분 자신에게 꼭 필요한 최소한의 수면을 알아서 취한다고 합니다. 이 사실을 모르기 때문에 불면에 대한 지나친 걱정에 시달리고, 오늘 밤도 잠이 안 오면 어떡하나 두려워합니다. 수면제가 없으면 불안합니다. 나는 원래 잠이 매우 적은 사람일 수도 있고, 낮잠을 하루에 10분가량 두세 번 나누어 자는 것이 밤잠보다 큰 효과를 보는 사람일 수도 있습니다. 예기 불안은 역설적 의도로 좌절시킬 수 있습니다. 치료의 핵심은 내가 나를 초월하는 데 있습니다.

그렇기에 로고테라피는 진정한 인격주의적 심리치료 Personalistic Psychotherapy입니다.

성적 신경증 반응

불안 신경증이나 강박 신경증과는 달리, 성적 신경증 환자는 자신의 성적 정체성이나 성에 대해 불안감을 느끼며, 그로 인해 두 가지 방식 중 하나로 반응합니다. 성적 쾌락을 과도하게 의도적으로 추구하거나, 성행위 자체를 과도하게 반추하거나 지나치게 반성적으로 접근합니다.

첫 번째 경우, 성행위는 하나의 프로그램이 되어 버립니다. 하지만 쾌락은 의도적으로 만들어 낼 수 있는 것이 아닙니다. 쾌락은 결과로써 발생할 뿐 의도하면 할수록 사라지는 특성을 가집니다. 오히려 쾌락을 의식적으로 추구하면 할수록 그 쾌락은 더 빠르게 소멸해 버립니다.

신체 요인의 역할과 잘못된 진단

'부신피질 기능 저하Adrenal Cortex Hypofunction'는 때때로 정신역동적 증후군(비인격화 현상Depersonalisation, 집중력 저하, 기억력 감퇴 등이 결합된 상태)을 유발하기도 합니다. 또한 갑상선 기능 항진증Hyperthyreose은 광장공포증을 일으킬 수 있으며, 특히 심리적 단일 증상Monossymptom 형태로 자주 나타납니다.

이러한 사례들은 앞서 언급한 데옥시코르티코스테론 아세테이트와 마찬가지로, 디하이드로에르고타민 메탄설포네이트 Dihydroergotamine Methanesulfonate 치료에 매우 잘 반응합니다.

 데옥시코르티코스테론 아세테이트는 부신피질 호르몬의 일종으로, 전해질 균형을 조절하고 저혈압이나 부신 기능 저하에 사용됩니다. 이 약물은 때때로 심리적 증상을 수반하는 내분비계 이상에 반응을 보입니다. 디하이드로에르고타민 메탄설포네이트는 혈관을 수축시키는 작용이 있는 약물로, 흔히 편두통 치료에 사용됩니다. 즉, 이들 약물은 정신과적 증상이 신체적 원인(특히 내분비나 자율신경계의 이상)에서 비롯되었을 가능성이 있을 때, 심리치료보다 오히려 더 빠르고 근본적인 치료 효과를 발휘할 수 있습니다.

실제로 저희 진료 부서에 의뢰된 한 사례가 있습니다. 그 환자는 몇 달 동안 다른 병원에서 여러 진단과 치료를 받았지만, 결국 '해결 불가능한 부부 갈등으로 인한 심인성 질환'이라는 결론이 내려졌습니다. 그러나 저희에게 의뢰된 후 곧 밝혀진 사실은 그 환자의 질환은 심인성Psychogen 신경증이 아니라, 신체적 원인에서 비롯된 단순한 가성 신경증Pseudoneurosis이었다는 것입니다.

●●● '가성 신경증pseudoneurose'은 말 그대로 '거짓된(가
짜) 신경증'이라는 뜻입니다. 즉, 표면적으로는 신경증처
럼 보이지만, 실제 원인은 심리적인 것이 아니라 신체적
인 경우를 가리킵니다. 좀 더 구체적으로 설명하자면, 신
경증은 일반적으로 심리적인 갈등이나 무의식적인 정서
문제에서 비롯된 정신적 증상입니다. (예: 불안장애, 강박
장애, 히스테리 등) 그런데 환자가 불안, 공황, 우울, 피로,
집중력 저하 같은 정신 증상을 보이고 있어도, 실제로는
호르몬 이상, 순환기 문제, 자율신경 불균형, 약물 영향
등 신체적 원인에서 비롯된 경우가 있습니다. 이런 경우
가 가성 신경증입니다.

환자는 디하이드로에르고타민 주사를 몇 차례 맞은 것만
으로도 모든 증상이 사라졌고, 건강이 회복된 이후에는 그
동안 겪었던 부부 갈등에도 훨씬 잘 대처할 수 있게 되었습
니다.

물론 그 갈등은 실제로 존재하는 것이었지만, 그것이 병
을 유발한 병리적 원인은 아니었던 것입니다. 만약 부부 갈등

   심리치료의 인간화에 대하여(인간중심의 회복)

자체가 병리적인 원인이라면, 기혼자의 90%가 신경증을 앓고 있어야 할 것입니다.

예기 불안의 순환 고리와 병리성

그렇다고 해서 갑상선 기능 항진증이 직접적으로 광장공포증을 유발한다는 것은 아닙니다. 보다 정확히 말하면, 그것은 단지 불안에 대한 취약성(불안 반응 준비 상태)을 높이는 데 그칩니다. 여기에 예기 불안이 더해질 때 비로소 병리적 반응이 나타납니다.

이 예기 불안의 메커니즘은 우리 심리치료사들에게 익숙합니다. 처음에는 일시적이고 무해한 증상이 나타나고, 그 증상이 다시 발생할까 봐 불안해지면서 예기 불안이 생깁니다.

이 예기 불안은 오히려 증상을 더욱 강화하고, 강화된 증상은 다시 환자의 불안을 부추기며 공포증을 고착시킵니다.

이렇게 해서 악순환이 형성되고, 환자는 마치 고치에 싸인 누에처럼 그 속에 갇혀 버립니다.

•••　예기 불안이란 두려움을 느끼고 있으면 바로 그 증

상이 나타난다는 겁니다. '공포는 사건의 어머니'라고 합
니다. '사람들 앞에 서면 너무 떨리고 말이 안 나오는데
어떡하지?' 두려움을 느끼는 순간, 실제로 말문이 막히고
앞이 하얗게 변하는 겁니다. 한마디도 못 하게 됩니다. 무
엇이 증상을 불러온 걸까요? 강한 욕구 때문입니다. '안
떨고 잘하고 싶다'는 강한 욕구가 오히려 '예기 불안'을
가중시킨 것입니다. 두려움을 느끼고 있으면 바로 그 증
상이 정말로 나타나고, 지나친 주의 집중이 오히려 일을
망칩니다. 공포증을 가진 사람은 자신이 무엇을 두려워
하는지 정확히 파악해야 합니다.

"소원이 생각의 아버지라면, 두려움은 병의 어머니"라는 말
이 있습니다. 많은 경우 병의 핵심 병리 요인은 예기 불안
자체이며, 바로 이 예기 불안이 증상을 고착시키는 역할을
합니다.

로고테라피의 전략: 심리적·신체적 협력
우리의 치료는 이 악순환의 양 끝 즉, 심리적 요소와 신체

     심리치료의 인간화에 대하여(인간중심의 회복)

적 요소에 동시에 개입해야 합니다. 한편으로는 약물치료를 통해 불안에 대한 신체적 민감성(불안 준비 상태)을 낮추고, 다른 한편으로는 다음에서 논의할 '역설적 의도' 기법을 통해 예기 불안 자체에 심리적으로 개입해야 합니다. 이렇게 신경증의 악순환을 양방향에서 끊어 내는 방식, 즉 '치료적 협력'이 로고테라피의 핵심 전략입니다.

역설적 의도: 두려움에 정면으로 마주하기

앞서 "두려움은 그 자체가 두려워하던 것을 실현시킨다"라고 말했습니다. 하지만 로고테라피는 이 점을 전략적으로 활용합니다.

"지나치게 강한 욕망은 오히려 그 욕망을 불가능하게 만든다."

즉, 환자에게 그가 그렇게 두려워하는 행동이나 상황을 일부러 시도해 보도록(단 몇 초라도 '의도적으로' 그것을 경험하도록) 유도합니다. 이는 일종의 역설Paradox입니다. 자신이 두려

위하던 것을 오히려 스스로 바라보도록 함으로써, 예기 불안의 영향력을 무력화하는 것입니다.

이러한 방식으로, 우리는 예기 불안의 돛에서 바람을 빼낼 수 있게 됩니다.

 심리치료의 인간화에 대하여(인간중심의 회복)

역설적 의도
(역설의도 기법)

이제 우리는 제가 1939년에 발표한 논문 「신경증 치료를 위한 약물적 지원에 대하여」(『스위스 신경학 및 정신의학 아카이브』 제43권, 제26호.)에서 처음으로 기술했던 '역설적 의도'에 대해 살펴보고자 합니다.

그 개념은 이미 『신경증의 이론과 치료』, 『실제 심리치료』, 『의미를 향한 의지』, 『의사의 영적 돌봄』 등 제 책들에서 다양한 사례와 함께 소개되어 있습니다. 하지만 이 책에서는 그간 출판되지 않았던 새로운 임상 보고에 초점을 맞춰 보겠습니다.

샌디에이고에 사는 스펜서는 이렇게 회고합니다.

『죽음의 수용소에서』를 읽은 지 이틀 뒤, 로고테라피를 실제로 시험해 볼 기회가 왔습니다. 마틴 부버에 대한 대학 세미나에 참석했는데, 처음 모임에서 나는 다른 사람들과는 정반대의 의견을 솔직하게 말해야겠다고 생각했죠. 그런데 말이 끝나기도 전에 갑자기 식은땀이 줄줄 흘렀고, 사람들이 그걸 알아차릴까 봐 더 긴장하게 되면서 땀이 더욱 나기 시작했습니다. 그때 문득, 땀에 대한 공포를 극복한 의사의 사례가 떠올랐고, 제 상황도 꽤 비슷하다는 생각이 들었습니다. 사실 저는 심리치료 자체에 회의적이었고, 로고테라피는 더더욱 신뢰하지 않았습니다. 하지만 그 상황은 역설적 의도를 실험해 볼 수 있는 절호의 기회였습니다. 당신(빅터 프랭클)의 책에 이런 조언이 있었죠.
'지금까지 땀을 1리터밖에 못 흘렸지만, 이번엔 10리터를 쏟아 보자!'

그래서 저는 속으로 이렇게 말했습니다. '좋아, 스펜서. 땀을 흘려서 동료들에게 보여 줘. 제대로 흘려 봐. 이건 시작에 불과해. 더, 더 많이 흘려야 해!' 그러고 나자 불과 몇 초 만에 제 피부가 말라 갔습니다. 속으로 웃음이 났죠. 이렇게 즉각 효과가 있을 줄은 정말 몰랐습니다.

"이런, 정말 효과가 있잖아. 내가 로고테라피를 의심했었는데 말이야."

사례 2 손 떨림으로 커피도 못 마시던 여성

- 무함마드 사디크(Mohammed Sadiq)

무함마드 사디크는는 48세 여성 N씨에 대해 다음과 같이 보고합니다.

그녀는 떨림이 너무 심해 커피 한 잔, 물 한 잔도 흘리지 않고는 들 수 없었고, 글씨를 쓰거나 책을 읽는 것도 불가능했습니다. 어느 날 아침, 단둘이 있었을 때 그녀가 또 떨기 시작하자 저는 역설적 의도를 유머와 함께 시도해 보기로 했습니다.

"N씨, 우리 떨기 시합 한번 해 보는 게 어때요?'"

"무슨 말씀이세요?"

"누가 더 빠르게, 더 오래 떨 수 있는지 한번 겨뤄 보자고
요!"

"선생님도 떨림이 있으셨어요?"

"'아뇨, 하지만 원하면 저도 떨 수 있어요.'

그리고 저는 몸을 흔들기 시작했죠.

"세상에, 선생님이 저보다 더 잘 떠시네요!"

그러더니 그녀도 웃으며 떨기를 따라 하기 시작했고, 곧 지
쳐서 말하길

"이제 그만할래요. 더는 못 하겠어요."

그러고는 자리에서 일어나 부엌에 가서 커피 한 잔을 들고
돌아오더니 한 방울도 흘리지 않고 마셨습니다. 이후로 그
녀가 떨기 시작할 때마다 제가 "떨기 시합 한 판 할까요, N
씨?"라고 말하면 그녀는 웃으며 그만하라 말하고는 금세 안
정되었습니다."

 심리치료의 인간화에 대하여(인간중심의 회복)

사례 3 눈 깜빡임 틱

- 조지 파이넘무틸(George Pynummootil)

한 청년이 눈을 심하게 깜빡이는 틱 증상으로 제게 왔습니다. 누군가와 대화할 때면 틱이 심해지고, 사람들은 왜 그러냐고 묻자 그는 더 긴장했습니다. 저는 그를 정신분석가에게 보냈지만 여러 차례 치료에도 원인을 찾지 못했고, 증상의 호전도 없었습니다. 다시 제게 돌아왔을 때 저는 이렇게 조언했습니다. "다음에 누군가와 이야기할 땐 최대한 눈을 많이 깜빡이세요. 마치 '제가 얼마나 잘 깜빡이는지 보세요' 하듯이 말이죠."

그는 저를 미쳤다고 생각하며 떠났지만, 결국 어느 날 말하길 "도저히 안 돼서 마지막으로 그 방법을 써 봤습니다. 그런데 놀랍게도, 그 순간부터 단 한 번도 눈을 깜빡일 수 없었어요. 그 후론 틱이 사라졌습니다."

사례 4 면접 중 다리 떨림

- 한 대학 조교의 고백

캘리포니아에서 아내와 아이들을 불러올 수 있는 중요한 직장 면접을 보게 되었을 때, 너무 긴장해 다리에 경련이 일어났습니다. 그 순간 저는 속으로 이렇게 외쳤습니다. '이번엔 다리 근육을 제대로 경련시켜서 회의실에서 벌떡 일어나 방 안을 뛰어다니고 춤이라도 춰야겠어. 사람들이 나를 미쳤다고 생각할 때까지 말이야!'

그랬더니 회의 내내 다리가 단 한 번도 떨리지 않았습니다. 결국 저는 그 자리에 채용되었고, 가족도 곧 캘리포니아로 오게 되었습니다.

사례 5 수면제 중독 환자

- 무함마드 사디크의 두 번째 이야기

수면제 중독으로 병원에 입원한 54세 여성이 있었습니다. 밤 10시, 그녀는 방에서 나와 말했습니다.

"약 좀 주세요."

"죄송하지만 오늘은 약이 다 떨어졌고, 간호사가 새 약을 주문하는 걸 깜빡했네요."

"그럼 전 어떻게 잠을 자죠?"

그녀는 불안해하며 말했습니다.

   심리치료의 인간화에 대하여(인간중심의 회복)

"오늘 밤은 약 없이 잠을 자야겠네요."

두 시간 후, 그녀는 다시 와서 도저히 잠이 안 온다고 말했습니다.

이번엔 제가 제안을 건넸습니다.

"이번엔 잠을 자지 않도록 해 보는 건 어때요? 오히려 밤새 깨어 있도록 노력해 보세요."

그녀는 '미쳤군!'이라며 웃었지만, 결국 이 제안을 받아들였습니다. 아침이 되어 간호사가 아침 식사를 들고 왔을 때, 그녀는 깊이 잠들어 있었습니다. 놀랍게도 비전문가들조차도 역설적 의도를 스스로에게 적용해 탁월한 효과를 보는 경우가 자주 있습니다.

사례 6 심한 공포증

3년 동안 정통 정신분석치료를 받았지만 치료에 성공하지 못한, 14년째 공포증을 앓고 있는 환자의 사례입니다.

2년 동안 그녀는 최면술사에게 치료를 받았으며 그 후 공포증이 약간 개선되었으나 별 도움이 되지 않았습니다. 그녀는 제 책을 읽고 역설의도 기법을 스스로 실행해 보기로 마음을 먹었습니다. '이제 길거리의 모든 사람들에게 보여 주겠어. 내가 많은 사람들 앞에서 당황하고 쓰러지는 데 얼마나 능숙한지 보여 주겠다고!' 사람이 많은 광장의 한복판에 서서 본인의 증상을 최대한 보여 주려고 애썼지만, 애쓸수록 그녀는 침착해졌습니다. 그녀는 더 좁고 사람이 많은 슈퍼마켓으로 자리를 옮겨 쇼핑을 했습니다. 사람들 앞에 서면 늘 떨리고 식은땀이 많이 나기에 오늘은 그 최대치를 보여 주기로 결심했습니다. '계산원에게 내가 떨면서 땀을 죽죽 흘리는 모습을 보여 주겠어. 그가 놀랄 정도로!' 역설의도 기법을 실행할수록 오히려 침착해지는 자신의 모습을 발견했습니다. 그렇게 몇 주간 실험을 계속하자 그녀는 자신이 공포증 환자라는 사실을 믿을 수 없을 정도로 예전의 증상이 사라진 것을 깨달았습니다.

 두려움을 느끼고 있으면 바로 그 증상이 정말로 나타나고, 지나친 주의 집중이 오히려 일을 망칩니다. 공포증을 가진 사람은 자신이 무엇을 두려워하는지 정확히

 심리치료의 인간화에 대하여(인간중심의 회복)

파악해야 합니다. 증세는 공포를 낳고, 공포는 증세를 더욱 강화합니다. 자신의 증세로부터 자신을 분리시켜서 바라보면 역설의도 기법을 스스로 적용할 수 있습니다. '많이 떨고 많이 더듬고 많이 빨개지는 끝판왕이 돼 보자!' 유머 감각을 동원해서 자신에게 초연할 수 있는 인간의 능력을 활용해 보라고 프랭클은 말합니다. 역설의도를 적용함으로써 나의 약점에 대해 스스로 농담을 할 수 있게 되면 벗어날 수 있습니다. 강박성 신경질환 환자를 치료하는 데 이 역설의도 기법은 상당한 효과를 거두어 왔습니다. 강박증을 가진 사람 또한 마찬가지입니다. 자신의 증세에 대해 웃을 수 있게 되었을 때 공포에서 벗어날 수 있습니다.

제6회 국제심리치료학술대회의 일환으로 개최된 로고테라피 심포지엄에서 미국 코네티컷 주립병원의 임상 책임자인 게르츠Gerz 박사는 다음과 같은 사례들을 발표했습니다.

45세, 기혼, 16세 아들을 둔 여성, 24년 동안 폐쇄 공포증, 광장 공포증, 고소 공포증, 승강기 공포증, 다리 건너기 공포증 등 심각한 공포 증후군을 앓고 있습니다. 이 모든 증상으로 인해 그녀는 24년 동안 여러 정신과 의사에게 치료를 받았고, 장기간 검사를 반복하기도 했습니다. 최근 4년은 정신병동에서 보내야 했습니다. 진정제를 지속적으로 복용함에도 불구하고 매우 불안해했습니다. 숙련된 정신분석가에게 1년 반에 걸쳐 집중적인 정신분석 치료를 받았으나 치료에 성공하지 못했습니다.

1959년 3월 1일, 게르츠 박사는 역설의도 기법으로 치료하기 시작했습니다. 5개월 후, 환자는 24년 만에 처음으로 증상이 사라졌습니다. 얼마 지나지 않아 그녀는 퇴원했습니다. 그로부터 몇 년이 지난 지금 그녀는 가족과 함께 평범하고 행복한 삶을 살고 있습니다.

 심리치료의 인간화에 대하여(인간중심의 회복)

강박 신경증 환자의 경우

56세, 기혼, 변호사로 일하며 18세 대학생을 둔 아버지의 사례입니다. 17년 전, 그는 자신의 지식과 양심에 따라 최선을 다해 세금 납부를 했음에도 불구하고, '내가 소득세 300달러를 신고 누락해서 국가를 속였을지도 모른다'는 끔찍한 강박관념에 사로잡혀 있었습니다. 아무리 노력해도 그 생각을 떨쳐 버릴 수 없었고, 곧 감옥에 갇히고 신문에 자신에 대한 기사가 가득 실리고 변호사 자격이 정지될 것만 같았습니다. 그는 요양소에 가서 심리치료를 받았고, 25번의 전기 충격 요법도 받았지만 강박을 없애지 못했습니다. "제발 나를 감금시켜 주세요. 빠를수록 좋아요. 나를 체포하는 게 좋겠습니다"라고 말할 정도였죠. 그의 상태는 법률 사무소를 닫아야 할 정도로 악화되었습니다.

그는 날로 심해지는 강박증과 싸워야 했습니다. 한가지 강박을 없애면 또 다른 강박이 생겼습니다. 이번에는 자신이 모르는 사이에 여러 개의 보험 계약이 만료되었을지도 모른다는 강박에 시달렸습니다. 그는 보험 계약서를 몇 번이고 확인한 다음 특수 강철 금고에 다시 넣어 두고 모든 계약서를 몇 번이고 확인해야 했습니다. 실수 때문에 큰일이 생길지도 모른다는 두려움은 계속 증폭되었습니다. 그러나 반복되는 강박이 너무 심해져 정신병원에 입원했을 때, 게르츠 박사는 역설의도 기법으로 치료를 시작했습니다. 4개월 동안 일주일에 세 번씩 만나서 역설의도 기법을 일상에서 사용하는 방법을 꾸준히 실시하도록 도왔습니다.

"'나는 아무것도 신경 쓰지 않는다'라고 생각하세요. '나는 많은 실수를 하는 사람이다. 앞으로 더 많은 실수를 할 예정이다. 모든 일을 엉망으로 만들면 어떤가.' 이렇게 생각하세요. 비서들에게도 말하세요. 세계에서 가장 큰 실수를 저지르는 사람이 나라고."

게르츠 박사는 서서히 환자가 역설적 의도를 습관처럼 사용하는 것을 발견하게 됩니다. 때로는 게르츠 박사가 "당신, 아직도 여기 있어요? 교도소에 간 줄 알았는데"라고 농담을 던지면, "이제 괜찮아요, 문제 없어요. 손해보험 가입을 많이

    심리치료의 인간화에 대하여(인간중심의 회복)

해 두었으니까요"라고 그는 크게 웃으며 답했습니다. 그정도로 자기 증상에 대해 웃을 줄 아는 여유가 생겼습니다.

••• 빅터 프랭클은 유머 감각을 동원해서 자신에게 초연할 수 있는 인간의 능력을 활용해야 한다고 말합니다. 역설의도를 적용함으로써 나의 약점에 대해 스스로 농담을 할 수 있게 되면 벗어날 수 있습니다. 고든 W. 올포트 Gordon W. Allport가 쓴 『개인과 종교』에 이런 말이 나옵니다. "신경질환 환자가 자신에 대해 웃을 줄 알게 되면 그것은 그가 자신의 문제를 스스로 처리할 수 있는 상태, 병을 치료할 수 있는 상태에 이르렀다는 걸 의미한다."
강박성 신경질환 환자를 치료하는 데 이 역설의도 기법은 상당한 효과를 거두어 왔습니다.

"당신이 역설적 의도라고 부르는 이 기법은 저에게 영향을 미쳤습니다. 기적처럼 효과가 있었습니다. 4개월 만에 당신은 저를 완전히 다른 사람으로 만드는 데 성공했습니다. 물론 가끔씩 오래된 두려움이 떠오르기도 하지만, 이제는 두려움에 즉시 대처할 수 있고, 나 자신을 다루는 방법을 알게 되었습니다!"

역설의도 기법은 1929년에 저에 의해 실행되었지만, 1947년에야 책으로 출판되었습니다(『심리치료의 심리치료』, 빅터 프랭클, 1947.).

역설의도 기법은 나중에 등장한 행동치료법들과 명백히 유사합니다. 행동치료 전문가들도 효과를 인정했습니다. 주목할 만한 점은, 역설의도 기법의 효과를 실험적으로 입증하려는 최초의 시도는 행동치료학파에 의해 이루어졌다는 사실입니다.

맥길대학교 정신과 클리닉의 교수들인 L. 솔리옴, J. 가르자-페레즈, B. L. 레드위지, C. 솔리옴 등이 그 주인공입니다. 이들은 만성 강박 신경증 환자들을 대상으로 강도와 빈도가 비슷한 두 가지 증상을 선정한 뒤, 그 중 하나인 목표 증상 Target Symptom은 역설의도 기법으로 치료하고, 다른 하나인 대

심리치료의 인간화에 대하여(인간중심의 회복)

조 증상Control Symptom은 치료하지 않은 채 그대로 두는 방식을 취했습니다.

그 결과, 단 몇 주 이내에 오직 치료 대상이 된 증상만이 사라졌으며, 대체 증상Substitution Symptom 또한 단 한 건도 발생하지 않았습니다. (「강박 사고 치료에서의 역설적 의도: 예비 연구」, 『통합정신의학회지』, 13, 1972.)

저의 동료인 커트 코쿠렉Kurt Kocourek과 에바 코즈데라Eva Kozdera 역시 이 역설의도 기법을 활용해, 오랫동안 강박 신경증을 앓아온 고령의 환자들이 단기간 내에 다시 일할 수 있을 정도로 호전되도록 이끌 수 있었습니다.

이와 같은 치료 결과는, 소위 '단기 치료Short-Term Therapy'도 짧지만 충분히 효과적일 수 있다는 점을 입증합니다.

또한 다음과 같은 의견도 강조할 가치가 있습니다.

"증상이 사라지면 반드시 그에 상응하는 대체 증상이 생기거나, 다른 내적 병리 상태가 뒤따라야 한다는 주장은

전혀 근거가 없는 주장이다.”(『정신치료 학술논문집』, 33,
1953.)

하지만 주의해야 합니다. 제가 이 글에서 소개한 사례들
은 교육적인 목적상 인용된 것이며, 로고테라피가 항상 이처
럼 짧은 시간 내에 성공적인 결과를 보장한다고 오해해서는
안 됩니다.

반성제거 기법

성적 신경증 반응 패턴의 특징은 '쾌락을 위한 투쟁'이라는 것입니다. 오르가슴을 위한 투쟁, 쾌락에 대한 의지, 과도한 쾌락을 추구하는 의도는 오히려 진정한 쾌락을 박탈할 뿐만 아니라, 과도한 반성을 요구합니다. 성행위 중에도 자신을 관찰하기 시작하고, 파트너의 반응도 관찰하기 시작합니다. 그러면 진정한 행복을 통해 얻을 수 있는 오르가슴이 오히려 사라집니다.

••• 사랑하는 사람과 성관계를 할 때, '상대가 오르가슴에 이르도록 내가 잘해야 한다'는 생각에 집중하면 불안

해서 진정한 오르가슴에 도달할 수가 없습니다. 행복한 쾌감에 빠질 수 없게 됩니다. 사랑의 행복은 억지로 얻으려 하면 오히려 달아나 버립니다. '나는 기술이 부족한 사람, 상대를 만족시키지 못하는 사람'이라 생각하는 과도한 반성이 자신감을 훼손하고, 스스로 성적 매력이 부족한 사람이라는 생각을 갖게 합니다. 성적 쾌락에 집착하지 않고 오히려 체념하면 자연스럽게 행복을 얻을 수 있습니다. 기술이 아닌 존재를 진심으로 사랑하는 사람만이 진정한 쾌락인 행복에 이를 수 있습니다.

병적인 과반성은 교정해야 합니다. 탈반성이 필요하다는 것입니다. 증상을 해결하기 위해 이 증상에 집중된 주의를 분리시키는 것만으로도 좋아질 수 있습니다.

제 환자 S의 경우도 마찬가지였습니다. 남편과의 성관계에서 오르가슴을 느끼지 못하는 이 여성이 치료받기를 원했을 때, 저는 지금 당장 치료를 맡을 시간이 없으니 두 달 후에 다시 만나자고 설득했습니다. 그때까지 오르가슴을 느끼기 위해 집중하지 말고, 성관계 중에는 상대에게 몸을 맡기고

 심리치료의 인간화에 대하여(인간중심의 회복)

상대에게 집중하라고 말했습니다. '내가 성적 매력이 없는 건 아닐까? 내가 기술이 부족한 것은 아닐까?'하는 생각은 아예 버리고, 오르가슴에 대한 생각 자체를 버리고 지내 보라고 말이지요.

제 말의 효과는 너무 빨리 나타났습니다. 2개월이 아닌, 2일 후에 환자의 고민이 해결되었습니다. 자신의 능력이나 기술에 대해 어떠한 반성을 하지 않고 파트너에게만 집중했더니, 편견 없이 상대를 편하게 대할 수 있었고, 자연스럽게 오르가슴에 도달할 수 있었다는 것입니다.

무슨 일이 있었던 걸까요? 성관계를 통해서 서로가 오르가슴을 느껴야 한다는 주의 집중, 과잉 의도가 문제였습니다. 로고테라피에서는 '과잉 의도'에 대해 관심을 기울입니다. 이것은 '과잉 반성'을 동반합니다. 긴장된 과잉 의도와 뒤따르는 과잉 반성[1]이 결합하여 악순환을 형성해 성불감증을 호소하는 사람들이 많다는 것입니다. 그렇다면 어떻게 그녀는 불감증으로부터 해방될 수 있었을까요? 로고테라피에서 말하

---

[1] 과잉 의도는 '잘해야 한다'는 집착이고, '과잉 반성'은 '내가 부족해서 잘하지 못했다'는 지나친 반성이다.

는 '반성 제거'를 통해 가능했습니다.

로고테라피에서는 '과잉 반성'에 대해서는 '반성 제거'로 대응하고, 발기 부전의 경우 매우 병적인 과잉 의도로 인해 발생하므로, 성관계를 금지하는 처방을 내립니다. 그러면 오히려 과잉 의도가 사라집니다. 부부 중 한 사람에게만 '성관계 금지'를 처방합니다. 이런 상황에서는 창의력을 발휘해야 하는데, 저의 제자인 마이런 혼Myron J. Horn의 사례를 보면 알 수 있습니다.

한 젊은 부부의 사례입니다. 그들은 남편의 발기 부전으로 저를 찾아왔습니다. 아내는 남편이 '형편없는 남자'라고 반복해서 말하며, 자신은 오르가슴을 느껴 보고 싶어서 다른 남자와 관계를 가질 생각이라고 말했습니다. 저는 두 사람에게 일주일 동안 매일 밤 한 시간 이상 알몸으로 침대에 누워 서로가 좋아하는 것은 무엇이든 하라고 말했지만, 어떤 상황에서도 성관계는 하지 말라는 처방을 내립니다. 일주일 후 저는 그들을 다시 만났습니다. 그들은 제 지시를 따르려고 노력했지만 '불행히도' 세 번이나 처방

     심리치료의 인간화에 대하여(인간중심의 회복)

을 어기고 성관계를 했다고 말했습니다. 저는 화를 내며 다음 주에는 의사의 지시를 따르라고 했습니다. 며칠이 지나자 그들은 다시 전화를 걸어 제 지시를 따를 수 없었고 이제는 하루에 여러 번 성관계를 하고 있다고 고백했습니다. 1년 후에도 그들이 여전히 만족스러운 성관계를 하고 있다는 소식을 들을 수 있었습니다.

의미를 향한 의지

앞서 언급했듯, 정신분석은 신경증의 원인을 설명하면서 신체적인 원인(생물학적 기원)뿐 아니라, 정신적·영적 차원도 자주 간과합니다. 하지만 신경증은 꼭 오이디푸스 콤플렉스나 열등감 같은 심리적 원인에만 뿌리를 두고 있는 것이 아닙니다. 때로는 깊은 내면의 문제, 양심의 갈등, 혹은 삶의 의미에 대한 위기에서 비롯되기도 합니다.

정신분석학은 인간의 동기를 쾌락을 추구하는 욕망(쾌락원칙)에서 찾았고, 아들러의 개인심리학은 힘을 추구하는 욕구(지배욕, 인정 욕구)를 강조했습니다. 그러나 저는 이보다 더 본질적인 인간의 욕구가 있다고 봅니다. 바로 '의미를 향한

  심리치료의 인간화에 대하여(인간중심의 회복)

의지'입니다. 인간은 자신의 존재에 최대한 의미를 부여하려는 존재입니다. 그렇다면 인간이 본래 행복을 추구하는 존재라는 말은 틀린 걸까요? 아닙니다. 칸트조차 인간이 행복을 추구한다고 인정했습니다. 다만 그는 그 행복을 누릴 '자격'을 갖추는 것도 중요하다고 덧붙였을 뿐입니다. 하지만 제가 보기에는 인간이 정말로 원하는 것은 행복 그 자체가 아닙니다. 행복해질 '이유', 다시 말해 행복할 만한 삶의 의미를 원합니다. 일단 그 이유가 생기면, 행복과 기쁨은 자연스럽게 따라옵니다.

임상 현장에서 언제나 드러나는 사실이 있습니다. 문제는 '행복할 이유'로부터 멀어질 때 사람이 불행해진다는 것입니다. 예컨대, 성기능 문제로 고통받는 남성이나 성적 냉담을 겪는 여성처럼 말입니다. 그들은 '행복' 자체에 집착하면서, 오히려 그 전제 조건인 삶의 의미를 놓치게 됩니다. 이런 병적인 악순환은 바로 '쾌락 자체를 목표로 삼는 것', 다시 말해 행복에 대한 과도한 집착 때문에 생깁니다. 키르케고르는 이렇게 말했습니다.

"행복의 문은 바깥쪽으로 열린다. 억지로 밀고 들어가려 하면, 문은 오히려 닫힌다."

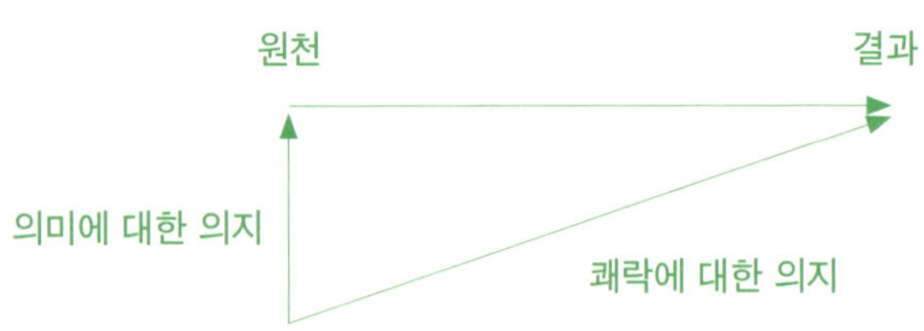

인간은 본래 삶의 의미를 찾고, 다른 사람과의 만남을 통해 사랑하고, 자신을 초월하려는 존재입니다. 이 두 가지(의미의 실현과 타자와의 관계)가 인간에게 진정한 행복과 기쁨을 선사합니다. 하지만 신경증 환자는 이 근본적인 의지가 잘못된 방향으로 비틀어집니다. 삶의 의미나 관계보다는 쾌락 자체, 행복 자체를 추구하는 데 몰두하게 되는 것입니다. 즉, 쾌락은 본래 의미 있는 삶의 부산물이어야 하는데, 오히려 그것이 목표가 되어 버리는 것입니다. 이것이 바로 과잉 의도Hhyper Intention이며, 그와 함께 생기는 것이 과잉 반성Hyper Reflection입니다.

   심리치료의 인간화에 대하여(인간중심의 회복)

그 결과는 쾌락만을 바라보게 되며, 오히려 쾌락의 원천인 삶의 의미를 잃어버리게 됩니다. 그래서 쾌락은 더이상 생겨나지 않게 됩니다. 자주 언급되는 '자기실현'이라는 말도 마찬가지입니다. 저는 이렇게 말하고 싶습니다.

"사람은 오직 삶의 의미를 실현할 때에만 자기 자신을 실현할 수 있다."

고대 그리스의 시인 핀다르Pindar의 유명한 말이 있습니다.

"사람은 자신이 본래 무엇이었는지를 지향해야 한다."

이 말은 야스퍼스Karl Jaspers의 생각으로 보완될 수 있습니다.

"인간은 자신이 진심으로 몰두한 일에 의해 자신이 된다."

이것을 부메랑에 비유할 수도 있습니다. 부메랑은 목표를 맞히지 못했을 때에만 되돌아오죠. 마찬가지로 삶의 의미를 찾지 못했을 때, 인간은 자기실현이라는 부메랑을 붙잡으려 돌아다닙니다. 아마 그 의미조차도 아직 찾지 못한 상태일지도 모릅니다.

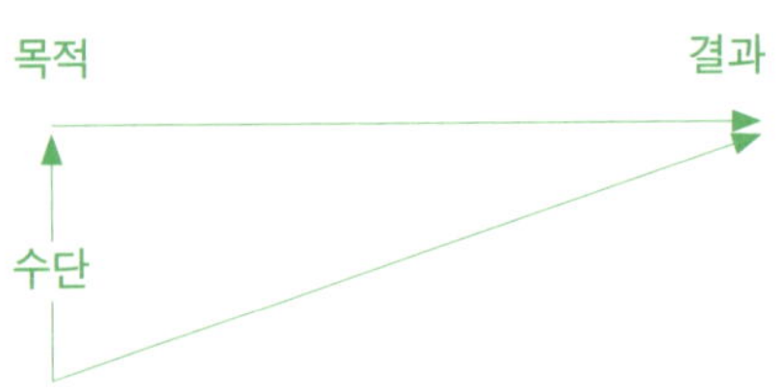

이 논리는 쾌락을 향한 의지, 권력을 향한 의지에도 적용됩니다. 쾌락은 의미 있는 삶이 만들어 내는 부산물이며, 권력은 의미 실현을 위한 수단일 뿐입니다. 그렇다면 언제 인간은 쾌락과 권력만을 좇게 될까요? 바로 의미에 대한 의지가 좌절될 때입니다. 이런 상태에서 나타나는 쾌락 추구와 권력욕은 결국 신경증적 동기에 불과합니다. 이런 맥락에서 보면, 프로이트나 아들러가 인간의 본성을 오해한 이유도 이해할 수 있습니다. 그들은 주로 신경증 환자를 연구 대상으로 삼았기 때문에 인간의 원초적인 의미 지향성을 놓친 것입니다.

  심리치료의 인간화에 대하여(인간중심의 회복)

현대인의 공허함과 존재적 좌절

오늘날 우리는 프로이트 시대처럼 '성적 억압'의 시대에 살고 있지 않습니다. 지금은 존재의 좌절, 즉 '삶의 의미 상실'의 시대입니다. 특히 젊은 세대가 가장 큰 영향을 받고 있습니다. 미국 조지아대학교 학생 신문의 편집장인 베키 리트 Becky Leet는 이렇게 묻습니다.

"지금의 젊은 세대에게 프로이트나 아들러가 무슨 말을 해줄 수 있을까요? 우리는 피임약이 있기에 성적 충족의 결과를 걱정할 필요도 없습니다. 정치적 권력도 어느 정도 쥐고 있고요. 그런데도 사람들은 삶이 공허하다고 느낍니다. 프랭클은 이것을 '실존적 공허'라고 부릅니다. 공허함이 익숙하지 않나요? 혹시 주위를 둘러보면, 성이나 권력을 다 가졌는데도, 지루하다고 느끼는 사람들이 있지 않나요?"

실제로 많은 환자들이 우리를 찾아와 이렇게 말합니다. "내 삶은 너무 공허하고, 의미가 없습니다." 이것은 결코 서구 사회만의 문제가 아닙니다. 체코의 신경과 전문의 오스발트

비메탈Osvald Vymetal은 이렇게 말했습니다.

"삶의 의미를 잃는 이 병은 자본주의든 사회주의든 상관없이 젊은 세대에게 퍼지고 있습니다."

그는 또 말했습니다.

"파블로프식 행동치료[1]로는 이 공허함을 치료할 수 없다."

이 문제는 개발도상국에서도 이미 나타나고 있습니다. 예를 들어 탄자니아의 학생들을 대상으로 한 연구에서 '삶의 의미 결핍'이 확인되었고, 조셉 필브릭Joseph L. Philbrick은 다양한

---

1 파블로프식 행동치료는 러시아 생리학자 이반 파블로프(Ivan Petrovich Pavlov)의 고전적 조건화 이론에 기반하여, 특정 자극과 반응을 연결(조건화)함으로써 바람직하지 않은 행동을 수정하거나 새로운 행동을 학습시키는 행동치료의 한 형태다. 이는 파블로프의 개 실험처럼, 원래는 아무 반응이 없던 중성자극(종소리)을 무조건적인 반응을 이끌어 내는 자극(음식)과 반복적으로 연결하여, 결국 중성자극(종소리)만으로도 조건반응(침을 흘리는 현상)이 이루어질 수 있게 하여 불안, 공포, 중독 등 다양한 심리적 문제에 적용하는 행동치료를 말한다.

  심리치료의 인간화에 대하여(인간중심의 회복)

문화권에서 로고테라피가 어떻게 작용하는지를 연구했습니다. 결론적으로, 정신분석학자 폴 폴락Paul Polak은 이미 1947년에 이런 말을 남겼습니다.

"사회적 문제가 해결되면 인간은 비로소 자신의 정신적 문제와 마주하게 될 것이다. 그때서야 인간은 자신이 직면한 '존재의 문제'를 제대로 인식하게 될 것이다."

그리고 철학자 에른스트 블로흐Ernst Bloch는 이렇게 말했습니다.

"오늘날 사람들은 마치 임종을 앞둔 사람처럼 삶의 깊은 고민을 너무 일찍 겪고 있다."

실존적 좌절이란 무엇인가

인간은 삶에서 의미를 찾고자 하는 본능적인 욕구, 즉 '의미를 향한 의지'를 지닌 존재입니다. 그런데 현대 사회에서는 점점 더 많은 사람들이 이 의미를 찾지 못한 채 살아가며, 그로 인해 내면에 공허함과 혼란을 겪고 있습니다. 프랭클은 이를 '실존적 공허' 또는 '실존적 좌절'이라고 부릅니다. 이러한 공허함은 단순한 우울이나 권태를 넘어 깊은 무의미감으로 이어질 수 있습니다. 자신이 왜 살아야 하는지, 무엇을 위해 존재하는지 알지 못한 채 방황하게 되며 그 공허감을 달래기 위해 쾌락이나 권력, 성공에 집착하게 됩니다. 하지만 이것은 의미를 향한 욕구

 심리치료의 인간화에 대하여(인간중심의 회복)

가 좌절된 결과로 나타나는 대체 행동에 불과합니다.

프랭클은 이처럼 의미 상실이 신경증, 중독, 우울증, 공격성 등 다양한 심리적 문제의 바탕이 될 수 있다고 말합니다. 그는 이러한 현상이 단지 서구 사회의 문제만이 아니며 자본주의든, 사회주의든, 젊은 세대든 중장년층이든, 전 세계적으로 공통된 인간의 위기라고 봅니다. 그는 말합니다.

"오늘날 우리는 더 이상 성적 좌절의 시대에 살고 있지 않다. 오히려 실존적 좌절의 시대에 살고 있다."

이 말은 곧 이제는 더 이상 성적 억압이나 물질 부족이 문제가 아니라 삶의 이유에 대한 질문, 즉 존재의 의미를 상실한 인간이 새로운 시대의 병리를 만들어 내고 있다는 뜻입니다.

오늘날 정신과 의사들과 심리상담사들은 종종 '의미를 향한 의지'가 좌절된 형태, 즉 존재적 좌절로 고통받는 사람들을 만나게 됩니다. 다시 말해, 인간은 단순히 쾌락이나 성적 충동이 충족되지 않아서만 괴로운 것이 아니라, 삶의 의미를 찾지 못한 채 겪는 고통, 즉 삶의 무의미함에서 비롯된 좌절감을 더 크게 느낄 수 있다는 뜻입니다. 이 의미 상실의 감정은 신경증이 생겨나는 주요 원인이라는 점에서 열등감보다 훨씬 더 큰 영향력을 미칠 수 있습니다.

현대인은 '나는 다른 사람보다 가치 있는 삶을 살지 못하고 있다'라는 느낌보다는 '내 존재가 의미 없다'라는 느낌에 더 고통받습니다. 이처럼 삶의 의미를 찾지 못한 존재적 좌절은 쾌락이 좌절될 때처럼 똑같이 병적인(병을 유발할 수 있는) 영향을 미칠 수 있습니다.

이런 사람들은 '실존적 공허'를 채울 수 있는 아무런 대안도 갖고 있지 못합니다. 쇼펜하우어 Arthur Schopenhauer는 "인류는 결핍과 지루함 사이를 진자처럼 오간다"라고 말했는데, 현대사회에서는 오히려 '결핍'보다 '지루함'이 더 큰 문제로 떠올랐습니다. 심지어 성적 욕구의 결핍조차도 이 지루함 속에 포함됩니다. 많은 경우 성적 좌절의 이면에는 사실 '삶의 의미를 찾지 못한 좌절'이 자리잡고 있습니다. 다시 말해 존재의

 심리치료의 인간화에 대하여(인간중심의 회복)

공허 속에서 성욕이 비정상적으로 부풀어 오르기도 한다는 것입니다.

'지루함'은 때때로 치명적인 것이 될 수 있습니다. 실제로 일부 연구자들은 자살의 궁극적인 원인이 바로 이런 내면의 공허감, 즉 실존적 좌절이라고 말합니다. 오늘날 이 문제는 더욱 심각해졌습니다. 우리는 여가 시간이 늘어난 시대에 살고 있습니다. 그런데 문제는 단순히 시간이 남는 것이 아니라 그 시간을 무엇을 위해 사용할지 모른다는 데 있습니다. 의미를 상실한 사람은 여유 있는 시간을 의미 있게 채워 나가는 법을 모릅니다.

임상 현장에서 존재적 좌절이 구체적으로 어떻게 나타나는지를 살펴보면, 대표적으로 제가 예전부터 말해 온 실직 신경증Unemployment Neurosis이라는 개념이 있습니다. 이는 은퇴자들이 겪는 정체성 위기도 같은 맥락에서 설명할 수 있습니다. 실제로 노년 정신의학에서는 은퇴 후 삶의 의미를 잃는 것이 정신 질환의 주요한 원인이 된다고 말합니다.

뇌신경외과의 대가인 하비 쿠싱Harvey Cushing의 말이 핵심을 보여 줍니다.

"삶을 견뎌 낼 수 있는 유일한 방법은 항상 내가 해야 할 과제가 있는 것이다."

이와 유사한 예로, 일요일에 발생하는 일시적인 우울증인 일요 신경증Sunday Neurosis도 있습니다. 평일에는 바쁘게 살아가지만, 일요일처럼 일정이 비는 날에는 삶이 텅 빈 듯 느껴져 우울해지는 경우입니다.

존재적 좌절은 보통 명백하게 드러나지 않으며, 다양한 '가면'을 쓰고 숨어 있습니다. 예를 들어, 일에 중독된 관리자나 지나친 성취욕에 사로잡힌 사람들도 사실은 삶의 의미를 찾지 못한 내면의 공허를 피하려는 사람들일 수 있습니다. 이들의 내면에서는 '의미를 향한 의지'가 '권력에 대한 욕망'이나 '돈에 대한 집착'으로 바뀌어 버린 것입니다. 이처럼 현대 사회의 '속도 중독', 끝없는 자극, 소음 등은 모두 존재의 공허를 피하려는 몸부림일 수 있습니다. 한 개그맨의 농담처럼 말입니다. "어디로 가는지는 모르지만, 누구보다 빨리 도착할 거

    심리치료의 인간화에 대하여(인간중심의 회복)

야.” 이런 과도한 속도감은 삶의 목표를 상실한 사람들이 만들어 낸 헛된 시도입니다.

예를 들어, 어느 부유한 환자는 개인 제트기를 사기 위해 죽도록 일하고 있었습니다. 그에게는 이미 충분한 재산이 있었음에도 그는 공허함을 채우기 위해 더 큰 목표, 즉 더 빠른 비행기를 갖고자 했습니다. 그러나 그 동기는 어디까지나 존재적 공허를 채우려는 시도일 뿐이었습니다.

존재의 의미를 고민하는 것은 병이 아닙니다. 삶의 의미에 대해 고민하고 절망하는 것 자체는 결코 병적인 현상이 아닙니다. 이것은 오히려 인간다운 태도의 표현이며, 인간만이 갖는 고귀한 특징입니다. 동물은 자신의 존재 의미에 대해 고민하지 않습니다. 따라서 이러한 고민을 단순히 ‘약함’이나 ‘정신적 문제’로 치부하는 것은 잘못된 태도입니다. 한 대학 교수는 삶의 의미를 찾지 못해 정신과에 왔지만, 진단 결과 그는 단순한 심리적 요인이 아니라 신체적(생물학적) 원인에서 비롯된 우울증(내인성 우울)을 앓고 있었습니다. 흥미롭게도 삶의 의미에 대한 깊은 고민은 오히려 건강한 상태일 때 발생했고, 병이 심할 때는 그런 생각조차 들지 않았습니다.

즉, 때로는 정신적 위기와 정신병 사이에 뚜렷한 차이가 있다는 것입니다.

따라서 실존적 좌절, 즉 의미에 대한 의지의 좌절은 병리적인 것이 아닙니다. 이는 치료의 열쇠입니다. 이것이 바로 로고테라피가 추구하는 핵심입니다. 로고테라피는 '로고스Logos', '삶의 의미'에 기반을 둔 심리치료이며, 환자가 자신의 내면에 숨어 있는 삶의 의미를 다시 찾을 수 있도록 돕는 것을 목표로 합니다. 필요하다면 단순히 환자의 의지를 동원하는 것을 넘어서, 무의식 속에 묻혀 있던 삶의 의미를 추구하는 의지를 다시 일깨워야 합니다.

 심리치료의 인간화에 대하여(인간중심의 회복)

고통의 의미

의사는 고통받는 사람들과 끊임없이 마주하는 직업입니다. 그중에는 불치병 환자들도 포함됩니다. 이들은 자기 자신뿐 아니라 의사에게도 묻습니다.

"이처럼 돌이킬 수 없고, 피할 수 없는 고통 속에서 내 삶이 완전히 무의미해진 것은 아닐까요?"

이제 의사는 환자가 다시 일을 할 수 있게 하고, 더 나아가 삶의 기쁨을 누릴 수 있게 해 주는 것뿐 아니라, 고통을 견딜 수 있도록 하는 '고통을 감당하는 능력'을 키워 주는 일도 해야 합니다.

고통을 감당하는 능력은 결국 '태도 가치를 실현하는 능력입니다. 삶에 의미를 부여하는 것은 창조적인 활동 즉, 창조 가치뿐만 아니라(이를 저는 창조적 가치라고 부릅니다.) 쾌락 능력에 해당하는 경험하고, 만남을 갖고, 사랑하는 것, 즉 체험적 가치도 삶을 의미 있게 만듭니다. 그리고 여기에 하나 더, 고통받는 것 자체도 포함됩니다. 태도 가치는 인간이 최고의 가치를 실현할 수 있는 가능성이며, 가장 깊은 의미를 완성할 수 있는 기회이기도 합니다.

의학적으로 말하든 환자의 입장에서 말하든 태도 가치의 핵심은 그 사람이 자신의 병에 대해 어떤 태도를 취하느냐입니다. 중요한 것은 올바른 자세, 진정한 운명을 향한 고통을 감당하는 올곧은 자세입니다. 필연적인 고통을 어떻게 감당하느냐에 따라 의미가 창조됩니다. 여기에서 우리가 떠올려야 할 시가 있습니다. 율리우스 슈투름Julius Sturm의 시를 후고 볼프Hugo Wolf가 곡으로 붙인 것입니다.

밤사이, 밤사이 찾아오는 것은 기쁨과 고통

어느새 당신이 알아채기도 전에

그 둘은 당신을 떠나

주님께 가서 이렇게 말할 것입니다.

당신이 그것들을 어떻게 견뎠는지를.

실제로 중요한 것은 '견딤'입니다. 운명을 더 이상 바꿀 수 없을 때, 그 운명을 감당하는 태도가 중요한 것이지요. 행동으로 운명을 바꿀 수 없을 때, 바로 그때는 올바른 자세로 운명을 마주하는 것이 필요합니다.

이제 우리는 괴테가 한 말을 이해할 수 있게 됩니다. "인간이 고귀하게 만들 수 없는 상황은 없다. 행동을 통해서든 인내를 통해서든." 우리는 이 말을 보완해야 합니다. 운명을 올곧게 견뎌 내는 인내는 '행동' 그 이상입니다. 인간에게 허락된 가장 위대한 행동입니다. 헤르만 코헨Hermann Cohen은 이렇게 말했습니다. "인간의 가장 고귀한 존엄은 고통 속에 있다." 그렇다면 이제 왜 고통이 주는 의미가 최고의 의미인지 알 수 있습니다. 그 이유는 태도적 가치가 창조적 가치와 체험적 가치보다 차원적으로 우월하기 때문입니다.

인간을 세가지 유형으로 나누어 생각해 볼 수 있습니다. 인간 호모 사피엔스Homo Sapiens를 분류해 보자면 호모 파베르Homo Faber(일을 통해 존재 의미를 실현하는 인간), 호모 아만스 Homo Amans(경험하고 만나고 사랑함으로써 삶에 의미를 부여하는 인간), 그리고 호모 파티엔스Homo Patiens(고통을 감당하며 그것을 통해 의미를 '실현'하는 인간)으로 나눌 수 있습니다.

호모 파베르는 흔히 말하는 '성공 지향 인간'입니다. 이들의 삶은 성공과 실패, 두 개념만으로 움직입니다. 반면, 호모 파티엔스는 성취와 절망이라는 완전히 다른 개념 속에서 살아갑니다. 이는 기존의 성공 윤리와는 전혀 다른 차원에 속해 있는 것입니다. 그 차이가 곧 우월성입니다. 왜냐하면 호모 파티엔스는 실패 속에서도 성취할 수 있기 때문입니다. 성취는 실패와도 양립할 수 있는 것이고, 반대로 성공은 절망과도 양립할 수 있는 것입니다. 그 두 개념은 서로 다른 차원에 존재하는 것이지요.

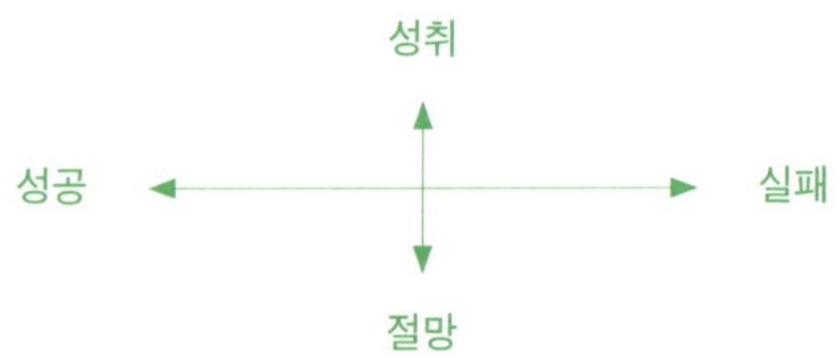

 심리치료의 인간화에 대하여(인간중심의 회복)

따라서 호모 파티엔스의 승리, 즉 고통 속에서 의미를 실현하는 것은 성공 윤리의 기준에 따라 보면 무가치한 것처럼 보이고, 어리석음이나 불쾌함으로 느껴질 수밖에 없습니다. 다른 말로 하면, 호모 파베르의 눈에는 호모 파티엔스의 승리가 어리석은 것처럼 보일 수밖에 없습니다. 이 모든 전제하에 창조적 가치를 실현하는 행동이 태도를 통한 수용보다 우선한다고 말하고 싶습니다. 즉, 고통이 담고 있는 의미가 가치적으로는 더 우월하다 해도, 실천적 우선순위는 '창조'에 있다는 것입니다. 왜냐하면 필요하지 않은 고통을 스스로 짊어지는 것은 의미 있는 행위가 아니라 오히려 무모한 짓이기 때문입니다. 이처럼 의미 없는 고통은 '고귀한' 불행이 아닌, '천한' 불행입니다. 작가 막스 브로드Max Brod는 말했습니다.

"인간의 가장 높은 존엄은 고통 속에 있다."

••• 그렇다면 왜 고통 속에서 찾은 의미가 그토록 고귀한 것일까요? 그 이유는 '태도 가치'가 창조적 가치나 경험 가치보다 더 본질적인 차원을 갖기 때문입니다. 우리

는 인간을 이렇게 세 가지로 나눠 볼 수 있습니다.

- 호모 파베르: 일함으로써 삶의 의미를 실현하는 사람
- 호모 아만스: 사랑과 만남을 통해 의미를 느끼는 사람
- 호모 파티엔스: 고통을 '감당함'으로써 의미를 실현하는 사람

호모 파베르는 흔히 말하는 성공 지향적인 사람입니다. 그는 세상을 오직 성공과 실패의 기준으로만 봅니다. 반면, 호모 파티엔스는 다릅니다. 그는 성취와 절망이라는 전혀 다른 차원의 척도를 가지고 있습니다. 그리고 바로 이 차원의 차이 때문에 고통 속에서의 성취는 실패와도 공존할 수 있는 반면, 성공 속에서도 절망이 존재할 수 있는 것입니다. 그러나 성공이라는 렌즈로 고통 속 의미를 바라보면 그것은 아무 의미 없어 보이고, 어리석은 짓처럼 보일 뿐입니다. 그래서 성공 중심의 인간, 즉 호모 파베르의 눈에는 호모 파티엔스의 고통을 통한 의미 실현은 어처구니없고, 이해할 수 없는 일로 보일 수밖에 없습니다. 그럼에도 불구하고 삶 속에서 행동을 통해 의미를 찾을 수 있다면 그것이 우선되어야 합니다. 우리가 스스로

 심리치료의 인간화에 대하여(인간중심의 회복)

감당할 수 없는 불필요한 고통을 일부러 짊어진다면, 그 것은 더 이상 의미 있는 고통이 아니라 단순한 자기 파괴 일 뿐입니다. 그래서 불필요한 고통은 '고귀한 불행'이 아 니라 '천한 불행'인 것입니다.

의료 현장의 사례를 살펴볼까요? 예를 들어, 수술 가능한 암의 경우, 고통이 의미 있는 병이라고 할 수 없습니다. 수술 을 회피하는 것은 의미 없는 고통을 자초하는 것입니다. 반대 로 수술할 수 없는 암에 대해 맹렬히 원망하는 것은 겸허함이 부족한 것입니다. 일반적으로 '고통'은 운명적으로 필요한 것 이 아닙니다. 왜냐하면 상당한 범위에서 통증은 완화될 수 있 기 때문입니다.

마취나 국소 마취, 혹은 완화 치료 약을 쓰지 않는 것은 아 무나 할 수 있는 일이 아닙니다. 그것은 아마도 지그문트 프 로이트만이 할 수 있었던 일일 것입니다. 그는 끝까지 진통제 를 단 하나도 쓰지 않고 '용감히 견뎠습니다'. 여기서 '견뎠다' 는 표현 자체가 얼마나 깊은 언어인지요. 그러나 고통을 견디 는 것은 자발적으로 무조건 해야 하는 것이 아닙니다. 진정한 의미의 '희생'도 아닙니다.

의사는 환자의 인생에 전환점이 찾아오는 장면을 목격합니다. 피할 수 없는 고통을 받아들임으로써 삶의 의미를 새롭게 찾아야 하는 순간을 맞이하는 것입니다. 다음 사례를 살펴보겠습니다.

사례 1 한 노년의 의사

어느 날 저를 찾아온 한 노년의 의사는 1년 전 세상을 떠난 사랑하는 아내를, 상실의 아픔을 극복하지 못하고 있었습니다. 저는 그 깊은 우울에 잠긴 환자에게 질문했습니다. "당신이 아내보다 먼저 세상을 떠났다면 어떻게 되었을까요?" 그는 "상상할 수 없어요. 아내는 절망했을 겁니다"라고 대답했습니다. 저는 말했습니다. "아내는 그런 고통을 겪지 않았고, 당신은 그것을 대신 겪어 준 셈입니다. 물론 그 대가는 당신이 지금 그녀를 그리워하며 아파하는 것이죠." 이 말을 들은 순간, 그의 고통은 의미를 갖게 되었습니다. 그것은 하나의 희생이었습니다. 운명은 바뀌지 않았지만 그의 태도는 바뀌었습니다. 그는 사랑을 통해 삶의 의미를 실현하는 가능성

     심리치료의 인간화에 대하여(인간중심의 회복)

을 잃었지만, 이제는 그 운명을 받아들이고 그 속에서 의미를 찾는 가능성을 발견하게 된 것입니다.

 죄수들의 편지

미국 플로리다주의 교도소에 수감된 죄수들이 제게 보낸 편지들이 있습니다. "저는 제 삶의 의미를 감옥에서 찾게 되었습니다. 이제는 기회만 생기면 모든 것을 바로잡고, 더 나은 삶을 살겠습니다." 죄수 번호 049246은 이렇게 썼습니다. "이곳에서도 어떤 목적을 위해 헌신하고, 자신을 넘어서기 위한 수많은 기회가 주어집니다. 요즘 저는 왠지 전보다 더 행복한 것 같습니다." 또 다른 죄수, 552022번은 이렇게 썼습니다. "친애하는 박사님! 지난 몇 달 동안 우리 몇몇은 박사님의 책을 함께 읽고 녹음을 들었습니다. 고통 속에서도 의미가 발견될 수 있다는 말은 진실입니다. 왠지 제 인생이 이제 막 시작된 것 같습니다. 얼마나 놀라운 감정인지요! 이곳의 형제들이 눈물을 흘리며 지금 여기에서 자기 삶에 의미를 발견하고 있습니다. 이런 일이 벌어지고 있다는 게 기적처럼 느껴집니다. 무기력하고 절망에 빠졌던 사람들이, 이제는 삶에 새로운 의미를 발견하고 있습니다. 플로리다에서 가장 보안이 철저한 이 감옥에서 우리가 꿈꾸던 일이 현실이 되고 있습니다. 지금은 크리스마스가 다가오고 있지만, 우리에게 있어 로고테라피는 부활절입니다. 아우슈비츠 해골 언덕 위에 부활절 아침의 해가 떠오르고 있습니다. 어떤 새로운 날이 우리를 기다리고 있을까요!"

 심리치료의 인간화에 대하여(인간중심의 회복)

영적 돌봄

불치병 환자를 상대해야 하는 내과 의사, 노인을 상대해야 하는 노인병 전문의, 신체 장애인을 상대해야 하는 정형외과 의사, 심지어 외과적으로 신체를 절단해야 하는 외과 의사처럼 피할 수 없는 운명에 직면한 환자들을 상대할 때는 '영적 돌봄'이 필요합니다.

더 이상 치료할 수 없거나 심지어 위로조차 줄 수 없는 상황에서도 그들은 위로할 수밖에 없습니다. 이것은 그들의 의무입니다. 요제프 2세 황제는 빈 종합병원을 헌납할 때, 정문 위 비문에 이렇게 새겼습니다.

"진심으로 치료하고 병자를 위로하며."

미국의학협회의 규정에도 이에 해당하는 문구가 있습니다.

"의사는 영혼도 위로해야 합니다. 결코 정신과 의사만의 임무가 아닙니다. 모든 의사의 임무입니다."

물론 그런 것에 신경 쓰지 않고 의사가 되는 것도 가능하지만, 폴 뒤부아Paul Dubois가 한 말을 기억합시다. "수의사와 의사는 단 한 가지, 고객이 다르다는 차이가 있다." 의사는 영적 돌봄도 제공해야 합니다.

"환자들은 우리에게 영적인 돌봄의 임무를 맡겼습니다."

구스타프 발리Gustav Bally가 말했습니다. 이것이 바로 의사가 해야 할 역할입니다. (Karl Jaspers, Alphons Maeder, W. Schulte, G. R. Heyer, H. J. Weitbrecht u.a.)

"심리 치료는 결국 영적 돌봄이다."[1]

물론 의학이 영혼에 대한 성직자의 실제 사역을 대신할 수
는 없지만, 빅토르 겝자텔이 "인류는 성직자에게서 정신과 의
사에게로 이동하고 있다"라고 말한 것은 의사들도 영적 돌봄에
깊은 관심을 가져야 한다는 것을 의미합니다.

••• 빅터 프랭클의 로고테라피에서 '영Soul'은 단순히 심
리적 또는 육체적 수준을 넘어서는 인간의 존재 차원을
의미합니다. 여기서 '영적'이라는 것은 반드시 종교적인
의미는 아니며, 오히려 인간이 의미를 찾고자 하는 의지,
자유, 양심, 인격적인 결단력을 포함합니다. 즉, 영적 차원
은 인간이 자신의 존재에 의미를 부여하고, 고통을 견디
며, 삶의 목적을 발견하는 힘, 초월적인 차원을 말합니다.
영적 차원을 설명할 때 프랭클은 초의미를 언급합니다.
인간은 영적인 존재이기 때문에 초의미를 발견할 수 있습

---

1   알베르트 괴레스(A. Görres), 『심리학 및 심리치료 연보』 제6권, 1958.

니다. 삶의 의미를 개인적인 것에만 한정하지 않고 더 크게 볼 수 있는 것을 의미합니다. 인간이 지닌 지적 한계를 넘어서는 것, 고통 속에서도 의미를 발견할 수 있는 능력을 초의미라고 합니다.

실존적 좌절감이 만연한 시기, 많은 사람들이 삶의 의미를 의심하고 있습니다. 고통을 감당할 능력이 없는 상태에서 일을 잘하는 능력이나 삶을 즐기는 능력을 과대평가하고 우상화하면 좌절감은 더 커집니다.

실존적 좌절은 신경증으로 이어질 수 있지만 반드시 그런 것은 아닙니다. 신경증 또한 실존적 좌절감, 존재감에 대한 의심과 절망으로 인한 것일 수 있지만 반드시 그렇지는 않습니다. 실존적 좌절이 실제로 신경성 질환으로 이어지는 경우가 누제닉 신경증입니다.

우리는 영적인 것을 간과해서는 안 되지만, 영적인 것을 과대평가해서도 안 됩니다. 신경증은 영적인 것뿐만 아니라 정신과 육체에도 뿌리를 두고 있습니다. 그래서 저는 신경증을 심인성 질환[2]으로 정의해야 한다고 주장합니다. 정신적 질병뿐만 아니라 많은 신체적 질병도 심인성 질병입니다.

심신의학은 아픈 사람만 병에 걸린다고 가르치지만 특정 상황에서는 행복한 사람들도 병에 걸립니다. 한 사람의 역사는 그 사람에 대한 시간적 서술입니다. 사람은 펼쳐지는 삶 속에서, 펼쳐지는 존재 속에서 설명되고, 열리고, 카펫처럼 말려서 비로소 패턴을 드러내게 됩니다. 인간은 정신-육체 유기체로서, 영적인 사람으로서, 자신이 원하는 모든 것을 스스로 구현하기는 어렵습니다. 인생이 그러합니다. 때때로 무기력증을 겪기도 합니다. 그러므로 신체의 모든 질병을 정신의 실패로 치부하지 않도록 조심해야 합니다. 인간이 아무리 본질적으로 영적인 존재일지라도 우리는 여전히 유한한 존재이고 항상 효과적인 선택을 하는 것도 아닙니다. 미숙할 때도 많습니다.

모든 질병에는 '의미'가 있지만, 질병의 진정한 의미는 '아프다는 것'이 아니라 '어떻게 고통받는가'에 있습니다. 고통받는 인간 호모 파티엔스가 운명의 고통 속에서 운명적으로

---

2 심인성 질환은 증상, 질병의 원인이 기질적인 것이 아닌 정신 혹은 심리적 요인에 의한 현상을 말한다.

필요한 고통의 의미를 스스로 발견할 때 질병의 진정한 의미가 드러납니다. 이러한 의미를 부여할 수 있는 것은 의사가 아닙니다. 나 자신입니다.

'아프다는 것'에도 의미가 있습니다. 그러나 그것은 초감각, 인간의 모든 감각에 대한 이해를 뛰어넘는 것입니다. 더 나아가 심리치료의 경계를 넘어서는 것입니다. 이때 신앙적인 접근을 강제로 시도하면 치료는 실패하게 됩니다.

모범적인 사례를 소개합니다. 치료적 대화도 이러해야 합니다.

홍역을 앓고 회복 중인 자녀가 부모에게 묻습니다.

"신이 나를 얼마나 사랑하는지 아시나요?"

"신이 너를 홍역에서 해방시켰지."

"아, 그래서 나에게 먼저 홍역을 앓게 한 것이군요."

따라서 치료자 역시 의미를 발견하기 위한 의지가 있어야 하고, 뿐만아니라 고통의 의미에 대해서도 알아야 합니다. 환자가 의미에 대해 의심하는 시기에는 치료자가 먼저 의미를 인식하고 환자가 스스로 발견할 수 있도록 안내하는 과정이 필요합니다. 고통 속에서도 의미 있는 삶이 멈추지 않는다는

     심리치료의 인간화에 대하여(인간중심의 회복)

것을 말입니다.

이론적인 설명보다는 구체적인 경험에 대해 언급하고 싶습니다.

어느 날 저는 제 조교인 코쿠렉 박사가 주최하는 집단 치료에 우연히 들어가게 되었습니다.

한 여성이 말을 하고 있었습니다. 최근 맹장 파열로 11세 아들이 사망했고, 20세 아들은 리틀병을 앓고 있어 휠체어를 타고 생활하는 아들을 돌봐야 하는 상황이었습니다. 여성은 고통을 감당하지 못하고, 스스로 목숨을 끊으려다 병원에 실려 온 후 집단치료에 참어 중이었습니다. 저는 여성에게 요청했습니다.

"상상해 봅시다. 당신은 80세이고, 죽음이 임박했습니다. 성공한 삶만을 살아온 노인입니다. 80년 평생을 돌아봅니다. 무슨 말을 하고 싶나요?"

"나는 살면서 좋은 시간을 보냈고, 부자였고, 버릇이 없을 정도로 원하는 것을 다 했으며, 남자들을 유혹하여 나만 바라보는 바보로 만들었고, 나의 매력에서 벗어나지 못하게 했습니다. 하지만 이제 나는 늙었고, 자식들도 곁에 없으며, 엄밀히 말하면 내 인생은 실패했다고 말해야 합니다. 무덤에는 아무것도 가져갈 수 없기 때문입니다. 내가 세상에 뭐 하러 왔나? 한탄할 것 같습니다."

"자, 다시 상상해 봅시다. 당신은 80세이고, 장애를 가진 아들을 키워 낸 엄마입니다. 지금 장애 아동을 키우고 있는 젊은 엄마에게 당신의 이야기를 들려주세요."

"저는 아이를 낳아 키우는 삶을 원했는데, 그 소원이 이루어졌습니다. 아들 둘을 낳았어요. 작은 아이는 죽고 큰 아이만 남았습니다. 큰 아이는 장애가 있었죠. 제가 돌보지 않았다면 시설에 갇히게 되었을 테지만, 그 아이를 돌보며 한 인간으로 잘 키워 낸 것은 바로 저였습니다. 아, 제 인생은 실패가 아니었습니다. 아무리 힘들어도 제가 할 일과 책임이 가득했고, 그 일을 최선을 다해 감당했다면 내 인생은 의미 있는 것이었어요. 이제 조용히 평안하게 죽을 수 있습니다."

그녀는 흐느끼며 이 말을 겨우 끝맺었습니다.

거기 모인 다른 환자들도 깨닫게 되었습니다. 삶이 즐거운가, 슬픈가, 그것이 중요한 것이 아니라 의미 있는 삶이냐 아니냐가 더 중요하다는 사실을 말입니다.

 심리치료의 인간화에 대하여(인간중심의 회복)

로고테라피와 종교

1964년 가을 슈투트가르트 공동체가 주최한 엘마우 컨퍼런스에서 강연한 내용입니다.

로고테라피에서 종교는 목적이 아닌 대상일 뿐입니다. 로고테라피는 원칙적으로 종교적 존재와 비종교적 존재를 공존하는 현상으로 보고, 중립적인 태도를 취해야 할 의무가 있습니다. 로고테라피는 심리치료의 한 분야이며, 오스트리아 의료법에 따르면 전문 치료자만 시행할 수 있습니다. 로고테라피스트 의사는 히포크라테스 선서를 했기 때문에 자신의 로고테라피 방법론과 기술을 신자든 비신자든 모든 환자에게 적용할 수 있어야 합니다. 개인적인 세계관에 관계 없이 모든 치료가 모든 환자에게 적용할 수 있어야 합니다.

의학 내에서 로고테라피와 종교의 차별성에 대해 살펴보겠습니다.

로고테라피 심리치료의 목표는 영적 치유입니다. 그러나 종교의 목표는 영혼의 구원입니다. 물론 심리치료와 종교의 목표가 같은 수준에 있는 것은 아닙니다. 종교인이 나아가는 차원은 심리치료보다 더 높은 차원, 더 포괄적인 차원입니다. 그러나 더 높은 차원으로의 돌파구는 지식이 아니라 믿음에서 일어납니다.

인간과 신의 관계, 즉 초인간적인 차원을 파악하고자 할 때 동물을 예로 들 수 있습니다. 동물이 본능적인 환경을 벗어나 인간과 그의 세계를 이해할 수 없는 것처럼, 인간이 초월적 세계에 대한 통찰력을 갖는 것도 불가능합니다. 혈청을 얻기 위해 고통스러운 주사를 맞고 있는 원숭이를 예로 들어보겠습니다. 원숭이는 자신이 왜 고통을 받아야 하는지 이해할 수 있습니까? 원숭이는 자신의 환경에서 원숭이를 실험에

     심리치료의 인간화에 대하여(인간중심의 회복)

이용하는 사람의 의도를 이해할 수 없습니다. 왜냐하면 인간 세계는 원숭이가 접근할 수 있는 세계가 아니기 때문입니다. 원숭이는 인간 세계를 이해할 수 없고 그 차원에 도달할 수 없습니다. 우리도 마찬가지입니다. 인간이 접근 할 수 없는 세계, 초월의 의미, 초감각만이 고통에 의미를 부여할 수 있을 것입니다. 오직 믿음으로 초인적인 차원으로 나아갈 수 있고, 그 발걸음은 사랑에 의해 시작됩니다.

종교는 로고테라피의 핵심에 매우 가깝습니다. 인간은 자기 초월의 의지를 가지고 있습니다. 인간 존재는 존재 자체를 넘어선 존재이며, 언제나 의미를 지향하고 있습니다. 이런 의미에서 인간 존재는 쾌락이나 권력, 자아실현에 관심이 있는 것이 아니라, 오로지 의미의 성취에 관심이 있습니다. 로고테라피는 '의미에 대한 의지'를 강조합니다.

인간이라는 존재는 책임감 있는 존재입니다. 인간은 의미 성취에 대한 책임이 있습니다. 심리치료는 '우리는 무엇에 책임이 있는가'라는 질문에 항상 열려 있어야 합니다. 사회 앞에서, 인류 앞에서, 지식 앞에서, 누군가 앞에서, 신 앞에서 '책임지는 존재'인 나를 어떻게 해석할 것인지는 환자에게 맡

거야 합니다.

심리치료사는 유신론적 세계관에서, 때로는 무신론적 세계관에서 의미에 대한 질문에 답해야 합니다. 신앙을 '신에 대한 믿음'이 아니라 '의미에 대한보다 포괄적인 믿음'으로 이해한다면, 신앙에 관심을 갖는 것은 매우 이상적입니다. '삶의 의미에 대한 질문에 대한 답을 찾은 사람은 종교적인 사람'이라고 말한 알베르트 아인슈타인에게서 힌트를 얻을 수 있습니다.

칸트는 의미에 대한 인간의 믿음을 초월적 범주로 봅니다. 인간 존재는 아무리 미미할지라도 항상 의미를 지향하는 실존입니다. 의미에 대한 예지Prognosis가 있으며, 의미에 대한 예지는 로고테라피에서 '의미에 대한 의지', 즉 의미를 발견하고자 하는 의지의 뿌리입니다.

'의미에 대한 의지'가 기본입니다. 원하든 원하지 않든, 가지고 있든 없든, 인간은 숨을 쉬는 한 의미를 믿습니다. 더 이상 의미를 믿지 않는다면, 우리는 손가락 하나도 들 수 없는 상태가 되므로 자살할 수도 없습니다.

우리는 여전히 희망을 품고 끝까지 희망을 추구합니다. 종

 심리치료의 인간화에 대하여(인간중심의 회복)

교의 교리 없이도 우리가 믿는 것은 미래에 대한 희망입니다.

'삶의 의미에 대한 질문에 답을 찾은 사람은 종교적인 사람'이라고 말한 알베르트 아인슈타인의 명언을 읽은 적이 있습니다. 파울 틸리히Paul Tillich도 이와 비슷한 말을 한 적이 있습니다.

"종교적이라는 것은 우리 존재의 의미에 대해 열정적으로 질문하는 것이다."

루트비히 비트겐슈타인Ludwig Wittgenstein은 자신의 일기에서 이런 말을 했습니다.

"신을 믿는다는 것은 삶의 의미를 발견하는 것입니다."

로고테라피에서 말하는 '의미에 대한 의지'뿐만 아니라 궁극적인 의미, 즉 초월감에 대한 의지를 다루는 것은 중요합니다. 종교적 믿음은 궁극적으로 초월감에 대한 믿음, 즉 초월감에 대한 신뢰입니다.

종교의 개념에 대해 생각해 봅시다. 신을 기본적으로 한 가지만 추구하는 존재로 보고, 가능한 한 많은 사람들이 신을 믿는 것, 나아가 매우 특정한 교파가 규정하는 대로 정확하게 믿는 것을 종교라고 생각하는 사람들이 많습니다.

신이 그렇게 사소한 존재라고 생각하십니까? 저는 상상할 수 없습니다. 교회가 저에게 믿음을 요구하는 것도 합리적이지 않습니다. 내가 사랑하지 않는 것을 억지로 사랑하고 싶지 않은 것처럼, 억지로 희망을 품고 싶지 않은 것처럼, 나는 억지로 믿고 싶지 않습니다. 강요에 의해, 필요에 의해 억지로 만들어 낼 수 없는 것이 있습니다.

예를 들어 보겠습니다. 나는 명령에 따라 억지로 웃을 수 없습니다. 누군가 저를 웃게 하려면, 상대가 웃을 수 있는 말을 만들어 내는 노력을 해야 합니다. 사랑과 믿음도 마찬가지입니다. 사랑과 믿음은 조작할 수 없습니다. 오히려 진심이 대상에게 전해져 빛을 발할 때 비로소 드러나는 것이지요.

언젠가 미국 주간지 「타임TIME」 기자와 인터뷰를 했는데, 시대의 흐름이 종교에서 멀어지고 있느냐는 질문이 나왔습니다. 나는 이 시대가 '종교'에서 멀어지는 것이 아니라, 서로

　　심리치료의 인간화에 대하여(인간중심의 회복)

싸우고 신자들을 서로 빼앗아 가려고 혈안이 돼 있는 '교단'에서 멀어지고 있다고 말했습니다. 기자는 조만간 우리가 보편적인 종교를 갖게 될 가능성이 있는지 물었습니다. 저는 '보편적인 것이 아니라 오히려 개인이 자신의 신에게로 향할 것'이며 '자신만의 언어를 찾을 수 있는 종교'를 향해 가고 있다고 말했습니다. 물론, 공통 종교가 없다는 것을 의미하지는 않습니다. 다양한 언어가 존재하지만, 많은 언어에 공통된 알파벳이 존재하지 않습니까?

다양한 종교는 다양성 속에서도 서로 닮아 있습니다. 언어로 설명해 보겠습니다. 어느 누구도 자신의 언어가 다른 언어보다 우월하다고 말할 수 없습니다. 루트비히 비트겐슈타인이 말했습니다.

"말할 수 없는 것은 침묵해야 한다."

오늘날 환자들은 삶의 의미를 의심하거나, 심지어 삶의 의미를 전혀 찾을 수 없다는 절망 때문에 정신과 의사를 찾습니다. 사실 오늘날 우리는 삶의 의미를 찾지 못하는 것에 대해 불평할 이유가 없습니다. 내가 풍요를 누리는 동안에도 궁핍한 상태로 살고 있는 사람들이 있습니다. 자유를 누리면서 타인에 대한 책임을 생각하고 있습니까?

수천 년 전, 인류는 하나의 신을 믿음으로써 종교적 진화를 이루었습니다. 인류는 하나라는 개념, 즉 모든 인간이 하나라는 단결의 정신을 가지고 있었습니다. 이것은 피부색이나 정치적 성향과 같은 모든 차이를 초월하는 인류 통합에 이르는 정신이었습니다.

 심리치료의 인간화에 대하여(인간중심의 회복)

정신역동이론[1]에 대한 비판

월리엄 밴 두슨W. van Dusen은 다음과 같이 말했습니다.

---

1 정신역동이론은 심리학의 한 이론이며, 프로이트에 의해 주장되었고 정신분석학이라고도 불린다. 정신역동은 인간의 행동을 정신 내의 운동과 상호작용에 초점을 두었으며, 정신이 행동을 어떻게 자극하는지와 정신과 행동이 개인의 사회 환경과 어떻게 서로 영향을 주고받는지를 강조하는 이론이다. 인간 심리 현상의 배후에 본인 자신이 의식하지 못하는 무의식적 동기나 의도가 관여하고, 이 무의식적 동기나 의도는 서로 부딪혀 갈등을 야기하여 결국 인간행동을 이 갈등의 '타협 형성'으로 이해할 수 있다는 이론이다. 정신역동이론은 인간의 의식과 무의식적인 충동적 욕구, 그리고 정서가 인간의 일정한 행동에 많은 영향을 미친다고 보고 연구가 시작되었다. 정신역동이론은 인간의 발달과정 중 특히 성격발달을 설명하며 인간이 왜 이렇게 행동하고 생각하는지에 대해 널리 전파한 학문이다. 특히 아동발달은 물론 인간의 전 생애 성장을 다루는 분야에서 가정 환경과 사회적 관계의 중요성을 강조한다. 많은 정신역동이론 학자들이 있는 가운데, 프로이트는 인간의 성격과 생애는 유소년 시기에 이미 형성된다고 주장한 대표적인 학자이다.

"모든 치료법은 어떤 세계관을 바탕으로 하지만, 실존 분석처럼 그 세계관을 명확하게 드러내는 방법은 드뭅니다."

실제로 정신분석을 포함한 모든 심리치료법은 인류학적 관점을 가지고 있습니다. 정신분석학자 파울 실더_{Paul Schilder}는 정신분석 자체가 하나의 '세계관'이라고 인정했습니다. 저는 이렇게 말하고 싶습니다. 모든 심리치료가 인류학적 전제에 기초를 두고 있으며, 의식적이지 않다면 인류학적 함의를 내포하고 있습니다.

프로이트 덕분에 우리는 무의식 상태로 남아 있는 정신적 요소나 우리가 말할 수 있는 정신적 태도의 위험성에 대해 알게 되었습니다. 또한 저는 이러한 주장을 감히 해 봅니다. 정신분석가가 환자에게 쇼파에 누워 자유롭게 연상하도록 지시하는 순간부터 그는 이미 환자의 개성을 배제하는 특정한 인간상을 환자에게 부과하고 있으며, 이때부터 정신분석가는 사람과 사람, 얼굴과 얼굴, 눈과 눈을 마주하는 진정한 인간적 만남을 하기 어려워집니다.

정신분석가가 모든 가치 판단에서 손을 떼겠다고 주장할

　심리치료의 인간화에 대하여(인간중심의 회복)

때, 이것 자체가 하나의 가치 판단이 됩니다. 실제 상황에서는 어떻게 될까요?

정신분석 치료법의 핵심적 기반이 되는 자유연상법을 예로 들어봅시다.

"자유연상에 대한 지침에서는 자유로운 생각의 흐름에 자신을 맡기는 것이 허용된다고 주장합니다. 이것은 인간의 할 수 있는 것과 해야 할 것에 대한 명백한 결정입니다. 인간이 무엇인지, 그의 이상과 목표가 무엇인지에 대한 부분적인 답변입니다."[2]

•• • 정신역동이론의 자유연상은 정신분석 치료에서 환자의 무의식을 추론하기 위해 사용하는 기법입니다. 치료자가 환자에게 마음에 떠오르는 모든 내용을 검열 없이 표현하게 하여 무의식적 과정에 접근하는 것을 말합니다. 자유연상에서는 어떤 검열과 자기비판도 금지됩니다. 환

2　알베르트 괴레스(A. Görres), 『정신분석의 방법과 경험』, 1958.

자가 아무리 고통스럽고, 사소하고, 비논리적이고, 부적
절하더라도 표현합니다. 그때그때 마음속에 떠오르는 것
을 바로바로 서술합니다.

저명한 정신분석학자이자 미국 심리치료 저널의 편집자
인 에밀 구트하일Emil A. Gutheil과 같은 권위자는 다음과 같이
경고합니다.

"오늘날 환자의 연상이 진정으로 자발적이라고 믿을 수 있
는 경우는 매우 드뭅니다. 기간의 치료 과정에서 환자가 말
하는 대부분의 연상은 '자유로운' 것이 아니며, 많은 경우
환자가 분석가에게 환영받을 것 같은 특정한 생각을 분석
가에게 말하고자 계산된 것일 수 있습니다. 환자는 분석가
에게 호감을 사기 위해 자유로운 연상이 아닌 의도된 내용
을 전할 수도 있다는 것입니다."

아들러주의자들은 환자들이 권력 문제에만 관심을 가지
고 있는 것처럼 보이며, 그들의 갈등은 야망이나 우월감을 추

     심리치료의 인간화에 대하여(인간중심의 회복)

구하는 과정에서 발생하는 것처럼 보입니다. 융주의자들은 환자들이 원형이나 각종 상징주의적 이미지로 가득 차 보입니다. 프로이트주의자들은 환자들이 주로 거세 콤플렉스나 출생의 트라우마로 인한 이야기를 많이 한다고 생각할 것입니다.

교육분석이 무의식적인 평가를 방지할 수 있다고 생각할 수도 있겠지만, 사실은 교육이 오히려 무의식적으로 환자들을 평가하는 환경을 조성하는 것 같습니다.

●●● 정신분석가가 되고자 하는 사람은 본인이 장시간 분석을 받는 전통이 있습니다. 분석가가 되려는 사람이 분석가 교육을 받는 과정에서 받는 정신분석을 교육분석이라고 합니다. 교육분석은 상담자의 심리적 성장을 돕는 심리치료의 일종으로, 교육분석가와 상담자 간에 무의식을 살피고 의식화하는 과정을 거칩니다. 교육분석의 종류로는 '융학파의 교육분석'이 있습니다. 분석가 수련의 핵심적인 경험적 지도 방법으로, 수련교육을 받는 사람이 무의식을 살피고 자기실현을 체험하는 과정입니다. '상담

자의 교육분석'은 상담자의 개인적, 전문적 성장을 돕는 심리치료로 상담자의 경험을 이해하고 그 의미와 구조를 밝히는 연구도 있습니다.

윌리엄 사건트William Sargant가 자신의 책『마음을 위한 전투Battle for the Mind』에서 이렇게 지적했습니다.

"정신분석은 환자가 심리치료사의 관점을 완전히 수용하고, 과거 사건에 대한 정신분석적 해석을 어떤 저항도 없이 그대로 받아들일 때 '완료'되는 경우가 많다."

뉴욕의 분석가 주드 마머J. Marmor가 1953년에 발표한「미국정신의학회지American Journal of Psychiatry」110권 370쪽에서 언급한 내용입니다. 그는 환자가 정신분석가 또는 정신분석 자체에 대해 비판할 때, 그것을 환자의 저항으로 해석하는 것을 경고했습니다. 그만한 이유가 있을 것입니다. 저는 더 나아가 저항의 반대 현상인 긍정적 전이, 즉 환자가 저항 없이 정신분석 해석을 수동적으로 받아들이는 것을 비판적 시각

 심리치료의 인간화에 대하여(인간중심의 회복)

을 상실하는 문제 상황이라고 생각합니다.

교육분석이 실제로 얼마나 효과가 있는지 의문을 제기할 수 있습니다. 런던의 심리학자 한스 유르겐 아이젠크H. J. Eysenck는 교육분석을 받은 사람은 더 이상 편견 없이 객관적으로 정신분석적 견해를 판단할 수 없다고 단호하게 말합니다. 또한 하인리히 요하임 바이트브레히트H. J. Weitbrecht는 말합니다.

"정신분석가들은 분석을 받지 않은 '치료사'가 아무리 최선을 다해도, 심리학을 '올바르게' 해석할 수 없다고 주장한다. 이때부터 과학적 대화는 끝나고, (그들만의) 신념에 기반한 결론만 남는다."

이러한 입장은 교육분석이 단순한 훈련이 아니라, 누가 정신분석에 대해 말할 수 있는지를 가르는 기준으로 기능했음을 보여 줍니다. 분석받지 않은 치료자들은 그들이 분석받지 않았다는 이유로 침묵을 강요당하며, 토론에도 참여하지 못하는 부당한 대우를 받아야 했습니다. 대중 역시 비슷한 방식으로 길들여집니다. 또한 정신분석에 반대하는 사람들은 신경중적이거나 억압적, 반동적, 반유대적, 심지어 사회주의자처럼 오해받으며, 그들의 의견은 사전에 의심받고 배제되는 상황을 만듭니다.

정신적 행위의 기원에서부터 그 내용의 타당성까지 결론을 도출하는 것은 심리학의 본질 중 일부입니다. 즉, 심리학은 어떤 것을 심리적으로 도출하여 논리적으로 해명하는 데 관심이 있습니다. 프로이트의 구체적인 사례에 대해 한스 쿤츠H. Kunz는 "프로이트가 무의식적 경향에 의존하는 심리학을 정신분석학에 도입한 무모함은 과학의 노력을 넘어선 어떤 외부적인 목표가 있어 보인다"라고 지적했습니다.

디트리히 폰 힐데브란트Dietrich von Hildebrand는 심리에 대한 관심이 증가하면서, 사람들이 어떤 의견을 내거나 주장을 하고, 특정 이론에 반대하는 입장을 취하는 관심 또한 점점 증가하고 있다고 말합니다. 이런 분위기에서는 비참한 왜곡이 시작된다고 말합니다.

예를 들어 보겠습니다. 지그문트 프로이트는 철학을 "억압된 성욕을 승화시키는 가장 적절한 형태 중 하나"라고 설명

 심리치료의 인간화에 대하여(인간중심의 회복)

합니다.[3] 이로 인해 우리는 왜 막스 셸러M. Scheler가 정신분석을 '연금술'이라고 불렀는지 이해할 수 있습니다. 그는 욕구로부터 선함이나 사랑 같은 것이 생성될 수 있다고 봤습니다. 더 나아가 메다르트 보스M. Boss는 "지그문트 프로이트가 우리에게 모범적인 존재인 것처럼, 철학이 단순한 욕구에서 비롯된다고 보기 어렵다"라고 말합니다. 철학을 '억압된 성욕을 승화시키는 가장 적절한 형태 중 하나'라고 믿긴 어렵습니다.

긴즈버그E. B. Ginsburg와 헤르마Herma는 인간의 걱정과 근심, 더 높은 의미에 대한 고민이 단지 억압된 욕구의 승화일 뿐이고, 또한 가치가 실제로는 '반응 형성'이나 '이차적 합리화'를 나타낸다고 말했습니다. 물론 그런 경우도 있을 수 있습니다. 하지만 이는 예외적인 상황일 것입니다. 존재의 의미를 발견하고자 하는 노력은 인간의 가장 기본적인 특성이며, 우리는 그것을 '인간 존재의 구성 요소'라고 부르고자 합니다.

가면을 벗기는 행위가 필요할 수도 있습니다. 하지만 진

---

3   루드비히 빈스방거(Ludwig Binswanger), 『지그문트 프로이트에 대한 기억』, 1956.

정성 앞에서는 멈추어야 합니다. 가면을 벗기는 행위는 진정한 것을 보호하고, 가짜와 더욱 분명하게 대비되게 하여 진정한 것을 더욱 두드러지게 하는 수단이어야 합니다. 하지만 가면 벗기기와 폭로가 오로지 목적이라면 진정으로 폭로될 수 없는 진실 앞에서는 멈추어야 합니다. 그럼에도 불구하고 멈추지 않는다면, 폭로를 위한 폭로일 뿐입니다. '평가 절하'만이 목적일 뿐입니다. 거짓의 나무 앞에서 폭로하는 심리학자는 더 이상 삶의 숲 자체를 보지 못합니다. 가면 벗기기와 폭로는 냉소주의로 이어지고, 결국에는 그 자체가 허무주의의 가면, 즉 라르바Larva[4]가 됩니다.

심리치료는 '의미에 대한 의지'에 주목해야 합니다. 뉴욕에서 5년 이상 정신분석 치료를 받았던 한 미국 외교관이 저에게 치료에 대한 조언을 구했습니다. 그는 상사와의 갈등 때문에 외교관 생활을 그만두고 싶다는 강렬한 열망을 가지고 있었습니다. 그만두어도 될지 정신분석가에게 상담을 요청했는데, 그를 치료하던 정신분석가는 아버지와의 문제 때문

에 모든 문제가 발생한 것으로 보고, 아버지와 화해하라고 끈질기게 설득하고 노력했다는 것이었습니다. 그 분석가는 '아버지와의 관계'에서 문제를 해결하려 했던 것입니다.

단지 '아버지라는 이미지'만이 문제의 근원일까요? 외교관으로 일하면서 상사 때문에 겪었던 분노와 원한이 그가 자신의 아버지 이미지와 화해할 수 없는 싸움에서 비롯된 것일까요? 외교 경력을 포기하거나 직업을 바꾸는 것이 어떤 의미가 있는지, 외교관을 그만두고 내가 정말 하고 싶은 일은 무엇인지, 어떤 일을 통해서 의미를 찾고 싶은지는 상담을 받는 5년 내내 한 번도 제기되지 않았습니다.

정신분석가는 분석 과정에서 환자가 아버지라는 이미지에 대해 극단적인 거부감을 갖고 있다는 것을 발견하고, 환자가 다루고자 하는 세계와는 동떨어진 자신의 해석과 자기 이해의 방식으로 상담치료를 이끌었던 것입니다. 외교관 생활은 삶의 의미를 실현하는데 장애물이었고, 삶에 대한 열망을 꺾어 놓았다는 것을 저는 발견했습니다. 외교관을 그만둔 후, 마침내 그는 자신의 능력을 발휘할 기회를 얻었습니다.

의미에 대한 의지와 고통의 의미를 넘어서, 세 번째로 논

의해야 할 주제가 있습니다. 의지의 자유입니다. 이 논의는 우리의 관점을 완성하는 데 꼭 필요합니다. 이는 모든 심리치료의 메타임상적 이론으로 우리를 인도할 것입니다. 여기서 '이론'은 관찰을 의미합니다. 즉, 인간에 대한 관찰을 말합니다. 여기서 중요한 것은 치료자들이 철학을 의학에 도입하는 것이 아니라, 우리의 환자들이 자신들의 철학적 문제를 우리에게 가져오는 것입니다.

물론 인간은 생물학적, 심리적, 사회적 조건의 영향을 받습니다. 이런 의미에서 인간은 결코 자유롭지 않습니다. 조건으로부터 자유롭지 않으며, 아무것에도 자유롭지 않습니다. 그러나 인간은 '무엇에 대한 자유', 즉 모든 조건에 대해 자신의 입장을 취할 수 있는 자유를 가지고 있습니다.

심지어 정신질환의 상태에 있는 사람도 자신의 입장을 선택할 수 있는 자유가 있습니다. 내인성 우울증을 겪고 있는 사람도 그 우울증에 맞서 싸울 수 있습니다. 제 진료 기록의 한 부분을 예로 들겠습니다.

 심리치료의 인간화에 대하여(인간중심의 회복)

 카르멜 수도회의 수녀

제 환자는 카르멜 수도회의 수녀였으며, 그녀는 일기에 자신의 질병, 경과와 치료에 대해 적고 있었습니다. 특히 이 치료는 로고테라피뿐만 아니라, 약물 치료도 포함된 종합적인 접근이었습니다. 일기에서의 한 구절을 인용하겠습니다.

"슬픔은 내 지속적인 동반자입니다. 내가 무엇을 하든지 슬픔은 내 영혼을 납 덩어리처럼 무겁게 짓누릅니다. 내가 한때 열망했던 모든 위대하고 아름다운 선한 것들, 꿈꾸던 이상은 어디에 있나요? 하품할 만큼 지루함만이 내 마음을 사로잡고 있습니다. 나는 마치 진공 속에 내던져진 것 같은 삶을 살고 있습니다. 이 고통 속에서 나는 모든 것의 아버지이신 신께 부르짖습니다. 하지만 신은 침묵하십니다. 내가 진정으로 원하는 것은 오늘, 가능하다면 지금, 바로 죽는 것입니다."

그러나 반전이 이어집니다.

"내가 내 생명의 주인이 아니요, 신이 주인이라 믿는 신앙심
이 없었다면, 나는 벌써 여러 번 삶을 포기했을 것입니다.
이 믿음 속에서 고통의 괴로움 전체가 바뀌기 시작합니다.
인간의 삶이 성공에서 성공으로 나아가는 과정이어야 한다
고 생각하는 사람은 성당을 짓기 위해 땅을 파는 것을 보
고 의아해 하는 어리석은 사람입니다. 신은 모든 인간의 영
혼으로 성전을 짓습니다. 저와 함께 그분은 터를 다지고 계
십니다. 그분께 기꺼이 복종하는 것은 나의 임무일 뿐입니
다. 제 역할은 그분의 삽질에 기꺼이 순응하는 것뿐입니다."

그녀가 사제에게 고해성사를 했을 때, 사제는 그녀에게
반복해서 훌륭한 그리스도인은 우울증에 걸리면 안 된다고
말했습니다. 내인성 우울증을 앓는 사람들은 자기비난을 많
이 하는 사람들인데, 치료자가 이런 말을 하면 죄책감은 더욱
심화됩니다. 종교를 믿고 신앙심을 갖는 것이 신경증이나 정
신병을 예방하는 보험이 될 수는 없습니다. 다시 말해서 종교
인에게 신경증이 없을 것이라고 가정하는 것 또한 너무 성급
한 판단입니다. 이런 의미에서는 진리가 사람을 자유롭게 하

   심리치료의 인간화에 대하여(인간중심의 회복)

지 않으며, 자유가 진리가 되지도 않습니다.

임상 사례를 통해 좀 더 구체적으로 설명하겠습니다. 60세 정도 되는 남성이 제게 상담치료를 받게 되었습니다. 이 남성은 조현병으로 고통받고 있었습니다. 그는 환청을 듣고, 환각을 경험하며, 자폐적인 특성을 보이고, 하루종일 종이를 찢는 것 외에는 아무런 활동도 하지 않는, 전혀 의미 없어 보이는 삶을 살고 있었습니다. 아들러의 삶의 과제 분류에 따르면 이 환자는 '바보'라고 불릴 것입니다. 그는 직업이 없고, 사회 공동체에서 거의 배제되었으며, 사랑과 결혼은 커녕 성생활조차 할 수 없습니다. 그러나 그가 앓고 있는 정신병에도 흔들리지 않는 매력이 있었습니다. 그의 인간성에서 뿜어져 나오는 독특하고도 놀라운 매력은 마치 위엄 있는 귀족 같았습니다. 대화 중에 갑자기 화를 내기도 하지만 결국엔 자신을 제어할 수 있는 능력도 있었습니다. 어느날 우연히 나는 그에게 물었습니다.

"누구를 위해 자신을 통제하나요?"

그는 나에게 대답했습니다.

"신을 위해서요."

그 순간, 쇠렌 키르케고르Søren Kierkegaard의 말이 떠올랐습니다.

"광기가 저에게 어리석은 옷을 입히더라도, 내 안에서 신에 대한 사랑이 이긴다면, 나는 여전히 내 영혼을 구할 수 있습니다."

   심리치료의 인간화에 대하여(인간중심의 회복)

부록

빅터 프랭클의 모든 저서를 포함한 관련 도서 목록과 로고테라피,
실존분석에 대한 포괄적인 참고문헌은 빅터 프랭클 연구소 공식 웹사이트
www.viktorfrankl.org에서 확인할 수 있습니다.

정신과 의사가 바라본 문학
(문학치료의 가능성)

1975년 11월 18일 국제 PEN 클럽에서 강연한 내용입니다.

처음 이 자리에서 강연해 달라는 요청을 받았을 때, 솔직히 망설였습니다. 요즘 작가들 중에는 정신의학을 소재로 쓰는 이들이 많은데, 그 정신의학이란 것도 이미 낡고 퇴색된 개념들에 기반한 경우가 많습니다. 그런 상황에서 제가 정신과 의사로서 현대문학에 대한 논평까지 한다면, 그저 또 한 명의 아마추어 비평가가 되는 셈이 아닐까 우려가 되었습니다.

사실 정신의학이 이런 주제에 대해 말할 자격이 있는지조차 확실치 않습니다. 정신의학이 모든 문제를 해결할 수 있다는 말, 그건 환상일 뿐입니다. 조현병의 경우, 아직까지 확실한 치료법도 없고, 정확한 원인도 모릅니다. 우리 정신과 의사는 전지전능한 존재가 아닙니다. 그럼에도 오직 한 가지 '신적인 속성'이 있다면, 그것은 바로 어디서든 마주칠 수 있다는 점일 겁니다. 심포지엄에서도, 토론회에서도, 심지어 오늘 이 자리에서도 말입니다.

이제는 정신의학을 과대평가하고 우상화하는 태도를 멈춰야 합니다. 오히려 정신의학을 더 인간적인 시각에서 바라보아야 합니다. 우리는 인간의 '병듦'과 '인간다움'을 동일시하지 말아야 하며, 정신적 질환과 실존적 고뇌를 구별할 줄 알아야 합니다. 다시 말해서 어떤 사람이 자신의 삶이 무의미하다고 절망할 때 그것을 단순히 병리로 치부할 것이 아니라 그것이야말로 문학이 다루는 주요 주제라는 사실을 인식해야 합니다.

프로이트는 보나파르트 공주에게 보낸 편지에서 "삶의 의미와 가치에 대해 묻는 순간, 당신은 병든 것이다. 그것은 만족되지 못한 성적 욕구의 반영일 뿐이다"라고 말했습니다. 하지만 저는 그렇게 생각하지 않습니다. 오히려 그 질문을 던지는 사람은 '진정한 인간'입니다. 왜냐하면 어떤 동물도 삶의 의미를 묻지 않기 때문입니다. 인간만이, 오직 인간만이 그 질문으로 괴로워합니다. 그리고 저는 그 질문이 신경증의 증상이 아니라 오히려 인간됨의 본질적인 능력이라고 믿습니다. 설령 작가가 실제로 정신질환을 앓고 있다 하더라도, 그것이 작품의 진실성과 가치를 깎아내리지는 못합니다. 프리드리히 횔덜린Friedrich Hölderlin이 조현병을 앓았다고 해서 그의 시가 덜 위대해지는 건 아니며, 니체가 뇌질환을 앓았다고 해서 그의 철학이 덜 진실된 것도 아닙니다. 오히려 저는 그런 작가들을 병리학적으로 분석한 정신과 의사들의 이름은 잊히겠지만, 그들의 작품은 오래도록 읽힐 것이라고 생각합니다. 물론 그렇다고 해서 정신병이 작품의 가치를 더해 주는 것도 아닙니다. 위대한 작품은 질병 때문에 쓰인 것이 아니라, 질병에도 불구하고 쓰인 것입니다. 병은 본질적으로 창조적이지 않습니다.

요즘은 문학을 정신분석적으로 해석하고, 작품 뒤에 숨어 있는 무의식의 역동성이나 억압된 동기를 드러내려는 경향이

강합니다. 대표적인 예로 어떤 저명한 정신분석가가 괴테에 대한 1,500쪽이 넘는 책을 썼는데, 그 안에서는 괴테를 조울증 환자, 편집증 환자, 성적 도착자 등으로 묘사합니다. 그는 괴테의 문학이 단지 성적 충동과 결핍의 결과일 뿐이라고 주장합니다. 이런 해석은 문학의 깊이를 희화화할 뿐입니다.

프로이트 자신도 "때로 시가는 그저 시가일 뿐이다Sometimes a cigar is just a cigar"라고 말했습니다. 모든 것을 드러내고 해석하려 드는 태도는 결국 '진짜'를 놓치게 됩니다. 때로는 그것이 진실이기 때문에 더 이상 벗길 수 없는 것들이 있습니다. 그럼에도 계속해서 해석하려 든다면, 결국 드러내는 건 작품이 아니라 자신의 무의식적인 욕망일 것입니다. 바로 인간을 비하하려는 욕망 말이죠. 왜 사람들은 그렇게까지 해석하려고 할까요? 괴테 같은 천재도 결국 나와 다를 바 없는 신경증 환자였다고 믿는 것이 어쩌면 위안이 되기 때문일지도 모릅니다. 인간이 단지 원숭이에 불과하고, 본능과 사회 구조의 희생자일 뿐이라는 말이 어떤 이들에게는 오히려 위로처럼 들리는 겁니다. 미국 앨라배마주의 한 독자는 저에게 이렇게 썼습니다. "저는 불행한 어린 시절을 보냈지만, 그 고통을 통해

　　　　　　　　　　　　　　　　　　　　　부록

오히려 감사하는 마음을 얻었다고 믿습니다." 진실은 때때로 복잡한 해석보다 단순한 믿음 속에 있습니다.

　문학을 자기 표현의 수단으로만 보는 시각도 문제입니다. 저는 문학은 생각에서 비롯된 말이며, 말은 다시 생각 속 '어떤 것'을 향한다고 봅니다. 글은 어떤 '대상'과 '의미'를 지향합니다. 그러므로 글이 진정한 언어가 되려면 반드시 의미를 전해야 합니다. 단지 '형식'이 아니라 '전달하려는 메시지'가 언어를 언어답게 만듭니다. 정상적인 언어는 언제나 자기 자신을 넘어 어떤 대상을 향합니다. 즉 자기초월성을 지닙니다. 인간 존재도 마찬가지입니다. 인간은 자신이 아닌 어떤 것, 어떤 사람, 또는 어떤 의미를 향합니다. 자신을 잊고 어떤 일이나 타인에게 몰입할 때, 비로소 인간은 참된 자기 자신이 됩니다. 자기 초월이야말로 감수성과 창의성의 원천입니다.

　인간은 의미를 찾는 존재입니다. 그런데 오늘날 이 의미 의지가 좌절되고 있습니다. 점점 더 많은 이들이 삶이 무의미하다고 호소합니다. 이것은 현대사회의 신경증이 되었습니다. 과거의 인간은 본능이나 전통을 통해 자신이 무엇을 해야 할지 알 수 있었지만, 오늘날의 인간은 자신이 진정 무엇을 원하는지도 모른 채 살아갑니다. 그래서 다른 사람들이 하는 것을 따라 하거나(순응), 다른 사람들이 시키는 대로 하거나, 전체주의에 빠지게 됩니다. 흥미롭게도 30년 가까운 평화가 오히려 사람들로 하여금 "왜 살아야 하는가?"라는 질문을 하게 만든 것은 아닐까요? 평화는 생존을 넘어 삶의 목적을 묻는 사치를 허락했습니다. 에른스트 블로흐의 말처럼 사람들이 죽음을 앞둔 순간에야 가질 법한 고민을 미리 하게 된 것입니다.

의미를 상실한 공허함은 단지 개인의 문제가 아니라 사회 전반에 영향을 미칩니다. 청소년들 사이의 범죄, 약물 중독, 자살 같은 현상도 여기서 기인합니다. 문학도 예외는 아닙니다. 어떤 작가들은 인생의 무의미함을 나열하는 자기 표현을 문학이라고 생각합니다. 진정한 의미는 만들어지는 것이 아니라 발견되는 것인데, 어떤 이들은 무의미함으로 그것을 대체하려 합니다. 하지만 문학에는 선택권이 있습니다. 문학은 단지 질병의 증상이 될 수도 있고, 반대로 치유의 도구가 될 수도 있습니다. 절망의 깊은 어둠을 경험한 작가라면, 그 고통을 글로 써 나누고 독자에게 연대감을 줄 수 있습니다. 그런 글은 절망을 공유하는 것이 아니라, 절망 속에서도 함께 있다는 느낌을 줍니다. 그렇게 증상은 치료가 될 수 있습니다. 물론 문학이 치료가 되기 위해서는 허무주의나 냉소주의에 빠지지 않아야 합니다. 작가가 자신의 무의미함을 독자와 나누는 것은 좋지만, 그 무의미함을 선동해서는 안 됩니다. 절망에 감염시키지 말고, 절망을 이겨 내게 도와야 합니다.

제가 내일 오스트리아 도서 주간 개막 강연에서 하려는 말도 이것입니다. '책은 치료제가 될 수 있다.' 한 권의 책이 누군가의 자살을 막고 삶을 지속하게 한 사례를 저는 여러 번 보았습니다. 죽음을 앞둔 병상에서, 그리고 감옥에서 책이 사람을 살린 경우도 있습니다. 한 번은 제가 미국 샌퀜틴 감옥에서 강연을 마친 후, 한 수감자가 이렇게 말했습니다. "사형수들은 이 자리에 올 수 없었습니다. 며칠 뒤 가스실에서 사형당할 미첼 씨에게 마이크로 한마디만 해 주실 수 있겠습니까?" 저는 즉석에서 이렇게 말했습니다.

"미첼 씨, 저도 가스실의 그림자 아래서 살았습니다. 그때에도 삶의 모든 순간에는 의미가 있다는 믿음을 한순간도 버리지 않았습니다. 삶이 의미를 가진다면, 단 1초라도 그 의미를 지녀야 하고, 의미가 없다면 백 년을 살아도 의미는 없습니다. 지금의 삶이 실패로 보이더라도, 그 깨달음을 통해 당신은 자신을 넘어서 성장할 수 있습니다."

그리고 저는 톨스토이의 『이반 일리치의 죽음』 이야기를 들려주었습니다. 그 작품은 한 사람이 죽음을 앞두고 자신의 인생을 되돌아보며, 뒤늦게나마 진정한 삶의 의미를 발견하는 이야기입니다. 저는 이 이야기를 미첼에게 들려주었고, 그는 그것을 분명히 이해했습니다. 왜냐하면 그는 가스실에서 죽기 전 일간지 「샌프란시스코 크로니클San Francisco Chronicle」과의 인터뷰에서 그 이야기를 언급했기 때문입니다. 책은 단지 지식을 전달하는 도구가 아닙니다. 때로는 삶으로, 혹은 죽음으로 향하는 길목에서 사람의 존재를 지켜 주는 등불이 됩니다. 작가는 단지 표현의 자유를 누리는 존재가 아니라, 사회적 책임을 지닌 사람입니다. 자유는 책임과 함께 할 때 비로소 온전한 자유가 됩니다. 그래서 저는 미국 학생들에게 항상 이렇게 말합니다.

“자유의 여신상 옆에 책임의 여신상도 함께 세워야 합니다.”

정신과 의사가 바라본 문학(문학치료의 가능성)

옮긴이의 말

삶이 고통스러울 때, 우리를 다시 일으켜 세우는 심리학 로고테라피! 나를 죽음에서 건져 올린 빅터 프랭클의 로고테라피를 한국 사회에 알리는 것은 제 사명입니다. 우울·무기력·공허함에 시달리며 '나는 잘 살고 있는 것일까' 고민하는 사람들이 삶의 의미를 발견할 수 있도록 로고테라피 안내자로 사는 것이 제 삶의 의미입니다.

내 삶의 의미는 무엇인가.
나는 내가 원하는 삶을 살아가고 있는가.
나는 내가 꿈꾸던 방향으로 내 인생을 창조해 나가고 있는가.

로고테라피

죽음을 맞이하는 순간, 의미 있는 삶을 살았다고 만족하며 평안한 마음으로 눈 감을 수 있는가.

이 책을 읽는 동안, 나 자신에게 질문하고 답하는 고요한 시간을 가져 보면 좋겠습니다.

"모든 생명에는 거룩한 의미가 있고, 모든 인생에는 발견되어야 할 의미가 있다."

이 책의 감동을 한 문장으로 요약하라고 한다면 저는 이렇게 쓰겠습니다. 당신도 책을 덮을 때는 이 문장을 온전한 나의 것으로 뜨겁게 맞이할 수 있을 것입니다.

빅터 프랭클이 말한 '실존적 공허'는 누구나 인생길에서 한 번쯤은 통과하게 되는 마음의 사막입니다. 그러나 프랭클은 이 공허함이 절망의 끝이 아니라 의미를 발견하라는 영혼의 신호라고 말합니다. 로고테라피는 그 신호를 해독하고, 인간이 다시 일어설 수 있는 내면의 힘을 깨우는 치료법입니다.

빅터 프랭클은 인간을 '고통받는 존재'로만 보지 않습니다. 그는 인간 안에 여전히 남아 있는 의미를 찾고자 하는 의지 그리고 어떤 상황에서도 나의 태도를 선택할 수 있는 자유를 추앙했습니다. 우리 내면에 잠재된 힘에 대한 믿음이 있었기에 그는 절망 속에서도 인간의 가능성을 보았고, 삶이 우리에게 던지는 질문에 응답하는 방법을 제시했습니다.

이 책은 빅터 프랭클의 그 철학을 생생한 이야기와 임상 사례로 풀어냅니다. 내담자들이 인생의 깊은 어둠 속에서 어떻게 '의미의 빛'을 발견하며 회복되어 가는지, 그 놀라운 순간들을 가까이서 목격하게 됩니다. 그리고 독자는 깨닫게 됩니다.

고통은 삶을 무너뜨리는 적이 아니라, 의미를 탐색하게 만드는 기회라는 사실을!

피할 수 없는 고통 앞에서 나의 태도를 선택할 수 있는 힘은 인간만이 가진 고귀한 능력이라는 것을!

삶이 지치고 버겁게 느껴질 때, 로고테라피는 이렇게 말합니다.

"당신의 삶은 의미 있습니다. 지금 이 순간에도, 삶은 당신에게 묻고 있습니다. 당신은 어떤 태도로 이 삶에 응답할 것입니까?"

이 책이 독자 여러분의 인생길을 안내하는 등불이 되기를 바랍니다. 채워지지 않는 공허함 속에서 내 인생의 가치를 발견하지 못한 이들에게, 빅터 프랭클의 지혜가 다시 한번 전해지기를 바랍니다.

"운명을 올곧게 견뎌 내는 인내는, 인간에게 허락된 가장 위대한 행동입니다."

2026년 1월

로고테라피 및 실존분석 국제공인 치료자 박상미

로고테라피

삶이 무의미하고 고통스러울 땐

ⓒ 로고테라피, 2026

초판 1쇄 인쇄일 ǀ 2025년 12월 29일
초판 1쇄 발행일 ǀ 2026년　1월 13일

지은이 ǀ 빅터 프랭클
옮긴이 ǀ 박상미
펴낸이 ǀ 사태희
편　집 ǀ 정현주 · 책임편집 ǀ 박선규
디자인 ǀ 김경미
마케팅 ǀ 장민영
제　작 ǀ 이승욱 이대성

펴낸곳 ǀ (주)특별한서재
출판등록 ǀ 제2018-000085호
주 소 ǀ 08505 서울특별시 금천구 가산디지털2로 101 한라원앤원타워 B동 1503호
전 화 ǀ 02-3273-7878
팩 스 ǀ 0505-832-0042
e-mail ǀ info@specialbooks.co.kr
ISBN ǀ 979-11-6703-186-0 (03810)